르포, 절망의 일본열도

르포, 절망의 일본열도

첫판 1쇄 펴낸날 2009년 7월 20일

지은이 가마타 사토시
옮긴이 김승일
펴낸이 강수걸
펴낸곳 산지니
등록 2005년 2월 7일 제14-49호
주소 부산광역시 연제구 거제1동 1493-2 효정빌딩 601호
전화 051-504-7070 | 팩스 051-507-7543
sanzini@sanzinibook.com
www.sanzinibook.com

ISBN 978-89-92235-67-9 03300

값 14,000원

* 이 도서의 국립중앙도서관 출판시도서목록(CIP)은
e-CIP 홈페이지(http://www.nl.go.kr/cip.php)에서
이용하실 수 있습니다.(CIP 제어번호 : CIP 2009001975)

「르포,
절망의
일본열도」

문 어 방 사 회 일 본 통 분 의 현 장 을 가 다

가마타 사토시 지음 | 김승일 옮김

산지니

옮긴이의 말

　문어는 구멍에 들어가길 좋아한다. 이런 습성을 이용한 낚시법이 '문어방'이라는 단지를 덫으로 쓰는 것이다. 문어는 단지에 갇히면 빠져나오지 못한다. 그런데 엽기적이게도 단지에 갇힌 문어는 제 살을 뜯어먹으며 6개월까지 버틴다.

　일본에는 이를 빗댄 '문어방(夕ㄱ部屋)노동'이라는 말이 있다. 노동력이 부족한 개척지 홋카이도에 죄수들을 끌고 가 가두어놓고 가혹한 강제노동을 시킨 데서 연유했다. 도망치려야 도망칠 수도 없이, 제 살을 파먹으며 버텨야 하는 참혹함과 분노가 배어 있는 이 비인간적인 강제노동은 훗날 조선인 징용자들의 집단수용소 내 독방으로 이어져 악명을 떨치기도 했다.

　G7 선진국이자 국민 대다수가 중산층이라는 일억총중류(一億總中流)의 나라에서는 영영 다시 듣지 못할 것 같던 이 불경스런 단어가 되살아났다. 가마타 사토시(鎌田慧) 선생은 『통분의 현장을 걷다 II-절망사회』에서 '거대한 문어방'이 되어버린 일본을 '절망사회'라며 개탄했다.

　지난 2004년 '노동자파견법'이 개정된 뒤 통역 등 일부 업종에만 국한되던 제한이 없어지고 제조업을 포함한 거의 모든 업종에까지 파견이 허용되면서 비정규직은 2009년 2월 현재 전체 노동자의 40%에 육박하고 있다. 노동자층의 가장 밑바닥이었던 기간제 밑에 파견직이, 다시 그 밑으로 외국인노동자와 파트타임이 겹겹이 퇴적층을 형성하게 된 결과는 참혹하다. 일해도 빈곤을 벗어나지 못하는 '워킹 푸어', 아르바이트와 파트타임 노동으로 생계를 이어가는 '프리터', 파견직에서 쫓겨나 노숙자로 전락한 이들이 모여든 텐트촌 '파견 마을', 노숙과 PC방을 전전하는 '넷카페 난민'……

심각해지는 양극화는 신조어를 양산하고 빈곤, 굶주림, 아사 등 사어(死語)로 여겨졌던 어휘들에 생명을 불어넣었다. 세계적인 경기침체 속에 대기업 구조조정의 일순위로 쫓겨난 비정규직들은 거리로 밀려나와 노숙노동자가 되고 이들은 파견업체의 먹잇감이 되거나 길거리에서 동사(凍死)와 싸우는 양자택일로 내몰리고 있다.

파견 일자리라도 얻으려고 조폭이 운영하는 노무자 합숙소에 들어간 노동자들은 상습 임금체불과 폭력, 빚을 빌미로 한 구금 노동에 시달리다가 목숨까지 빼앗긴다. 비정규직 고용불안이 계기가 된 아키하바라의 묻지 마 살인극 등 경제대국, 법치국가 일본에서 발생했다고는 믿어지지 않는 어처구니없는 사건이 잇따르고 있다.

가마타 선생은 일찍이 도요타 자동차의 계절고용노동자로 근무한 경험을 바탕으로 『도요타 절망공장-어느 계절공의 일기』(1974년)를 펴내 대기업 비정규직 문제를 고발한 바 있다. 잊혔으면 좋았을 이 책은 전 세계를 휘몰아친 금융위기, 이에 편승한 대기업들의 비정규직 대량 해고가 사회정치 문제로 비화되면서 35년 만에 다시 서점가의 진열대에 등장했다. "절망공장의 분노가 절망사회를 덮어버렸다"고 가마타 선생은 또 한 번 개탄했다.

가마타 선생은 일본식 기업 프렌들리 정책인 '민간활력'으로 추진된 1987년 국철 분할민영화가 민주주의 퇴행의 신호탄이 되었다는 데 주목한다. 20년 뒤인 2007년 우정공사 민영화까지의 이른바 '구조개혁'이란 정계와 재계가 주연을 맡고 언론이 조연을 맡아 사회양극화를 심화시킨, 즉 사회 전체를 '문어방'으로 만든 것이라고 단언한다.

가마타 선생이 일본에 절망하는 이유는 노동 문제에만 국한되지 않는다. 침략의 역사를 외면한 채 다시 전쟁을 할 수 있는 나라로 돌아가려는 일본의 보수화, 군국주의 회귀 움직임은 이미 위험수위를 넘었다. 가마타 선생은 침략의 역사를 부인하는 역사왜곡 교과서와 정치인을 비판해 미운털이 박히는 바람에 교육위원회로부터 면직처분을 당한 교사, 졸업식 때 국가제창과 기립을 거부했다는 이유로 해고된 교사를 소개하면서 우익의 조직적인 '교사사냥'을 고발하고 있다. 또 야스쿠니 신사가 운영하는 전쟁박물관 유취관(遊就館)에 대해서는 '과거는 모른 척 눈 감고, 침략당한 아시아 사람들의 목소리는 찾아볼 수도 없는 놀이공원이나 도깨비 상자 같은 시설'이라며 반성과 각성을 촉구하고 있다.

이라크 파병을 반대하는 유인물을 자위대 관사에 뿌린 것만으로 시민단체 활동가들을 주거침입죄로 기소한 사건에서는 과연 일본에 '표현의 자유'가 있는지 따진다. 토건회사 배만 불리는 대형 공공사업의 폐해도 논리적으로 비판하고 있다.

칠순이 넘도록 노동자로서, 기자로서, 르포작가로서 불의를 고발해온 이 양심적 지식인은 일본을 절망사회로 규정하고 그로부터의 탈출은 저항과 연대에 의할 수밖에 없다고 결론짓고 있다.

가마타 선생의 이 호소는 비단 일본사회에만 적용되는 것은 아닐 터이다. 한국에서도 그 울림은 충분히 크다. 고이즈미 준이치로 전 총리가 "죽어도 하겠다"던 구조개혁의 결과인 '문어방 사회'는 지금 '기업 프렌들리'를 주창하며 신자유주의 실행에 나선 이명박 정부하 한국의 머지않은 미래가 될 수도 있다는 점에서 섬뜩하기만 하다. 역사교과서가 공격당하고 교육청 지시를 거부한 교사가 교단에서 쫓겨나는 오늘의 한국사회는 가마타 선생이 고발하고 있는 '절망의 일본'을 닮아 있다. 정부 경제정책에 반대되는 글을 올린 네티즌이 구속된 사건도 왠지 낯설지 않다.

　그래서 일본의 과거가 한국의 미래가 되지 않게끔 부디 일본의 한 양심적 지식인의 고발이 한국의 반면교사로 읽히길 간절히 바랄 따름이다.

　신자유주의와 보수화, 군국주의 회귀 경향을 40년 넘게 비판하는 저술활동을 해온 가마타 선생을 만나게 되고, 또 선생의 그 수많은 저작물 중 첫 한국어판을 번역해서 내게 된 데는 우연이라고 치부하기 힘든 운명적인 조우가 있었다.

　사양화가 뚜렷해진 한국 지방신문의 활로를 '신문왕국' 일본의 사례에서 찾으려 2005년께 어렵사리 구한 책이 가마타 선생이 일본의 지역신문을 순회하면서 쓴 『지방지 연구』(2002, 우시오출판사)였다. 또 군부와 맞서 싸운 일본 언론인들의 투쟁사 『반골 저널리스트』(2002, 이와나미신서) 등 언론과 환경 관련 저서들을 탐독하면서 가마타 선생의 분투에 감명을 받고 있던 차였다.

　2007년 여름. 일본 국제교류 NGO 피스보트의 환경 크루즈를 취재

할 때 연사로 초대된 가마타 선생을 만났고 이후 2주간의 선상 생활은 온전히 가마타 선생과의 정신적 교유로 채워졌다. 국적과 신념, 연령을 뛰어넘은 연대의식의 공유였다. 평생을 바쳐 저항하는 이들을 기록해온 가마타 선생께 헌정하는 심정으로 최근작을 한글로 옮길 결심을 하게 되었다.

이 책은 선생께서 2003년 10월부터 2007년 4월까지 『주간금요일』에 격주 연재한 글이 재료가 됐다. 이 글들은 『통분의 현장을 걷다』(2005, 금요일)와 『통분의 현장을 걷다II - 절망사회』(2007, 금요일) 두 권의 단행본으로 묶여 나왔는데 한국독자들에게 유익할 27편만 한글판으로 옮겼다.

책이 나오기까지 많은 분들이 도와주셨다. 산지니출판사 강수걸 사장이 수지타산을 따졌더라면 이 책은 빛을 보지 못했을 것이다. 번역할 때 정수련 선생님을 비롯해 고야 유키코 기자, 이차미님, 김현정님께 빚을 졌다. 박선미님은 최종 원고를 꼼꼼히 고쳐주어 완성도를 높여주셨다. 항상 안쓰러운 눈빛으로 모든 불편을 이해해주는 아내 정미옥과 사랑하는 아이들 다준, 서현의 응원은 책의 마무리에 힘을 보태주었다.

2009년 6월 금정산 자락에서
김승일

한국어판 서문

이번에 존경하는 김승일 기자께서 저의 『르포, 절망의 일본열도』를 번역하는 수고를 해주셔서 한국 독자들이 읽을 수 있게 된 것을 아주 기쁘게 생각합니다.

김 기자와는 지난 2007년 여름, 평화를 호소하기 위해 전 세계를 항해하는 피스보트 선상에서 만났고, 순례의 종착지였던 부산에서 안내를 받으며 많은 대화를 나누었습니다. 일본에 박식한 언론인의 활약을 보면서 앞으로 한·일 관계가 충실해질 것이라고 상상할 수 있었습니다. 한국과 일본의 오랜 역사 속에서 젊은 세대 간에 새로운 교류가 시작되는 것은 아시아의 평화를 창출하는 데 중요한 일이라고 생각합니다.

한국 영화는 일본에서 붐이라고 일컬어질 정도로 일본인들이 즐기고 있고, 한국 음식은 거리뿐 아니라 가정에까지 파고들고 있습니다. 또 일본의 거리도 한국과 중국 관광객을 맞이할 태세를 갖추기에 이르렀습니다. 대등한 교류는 상호 이해의 폭을 넓혀 절대 전쟁을 하지 않는 관계를 만들어낼 것입니다.

우리는 "장래 아시아의 평화를 위해 서로 협력해야 한다"고 믿는 사람입니다. 따라서 일본은 거듭해서 아시아에서 무엇을 해왔는지를 반성하고 상대국 사람들의 감정을 소중히 받아들여 제대로 배상 책임을 다하지 않으면 '새로운 교류'는 성립할 수 없다고 생각합니다. 하지만 유감스럽게도 일본의 지배층은 지금도 일본은 잘못한 게 없다는 강변을 계속하고 있습니다.

예컨대 항공자위대 최고책임자였던 다모가미 도시오 전 막료장은 자신과 관계가 깊은 호텔 그룹이 현상 공모한 '제1회 올바른 근현대사론'에 논문을 응모해 최우수상을 수상한 비열한 인물입니다. 그는 논문에서 "대동아전쟁에서 싸운 일본은 긍정적으로 평가된다" "일본군을 직접 보지 않은 사람들이 일본군의 잔학행위를 선전하는 경우가 많다"는 등 부끄러운 줄도 모르는 주장을 펼쳤습니다. 심지어 "우리나라가 침략 국가였다는 것은 정말 억울한 누명이다"라고까지 했습니다.

이처럼 조악, 무지, 오만하고 부끄러움도 모르는 사람이 세계 유수의 전투기를 보유한 항공자위대 간부였던 사실을 처음 알게 된 일본 국민은 충격을 받았습니다. 하지만 이미 그는 통합막료학교 교장으로서 '역사관, 국가관' 학과를 신설하고 우익적인 학자와 작가를 초빙해 강의를 맡겨왔습니다. 그만큼 자위대의 오염은 심각한 상황입니다. 그와 같은 침략주의자를 등용한 방위성 간부와 그를 임명한 역대 내각의 책임은 막중합니다. 군대 조직 내에 있으면서 과거의 전쟁을 긍정하는 사람이 자위대 간부를 양성하는 학교의 교장이었다니!

그는 이런 주장도 펴고 있습니다.

"만약 그때 일본이 대동아전쟁에서 싸우지 않았다면 현재와 같은 인종 평등의 세상이 찾아오는 것은 100년, 200년 더 늦어졌을지도 모른다."

침략을 긍정하는 교육을 실시한 것은 일본의 침략으로 학살된 아시아인들의 영혼을 유린하는 용서할 수 없는 행위이자 평화를 염원하는 국민에 대한 모욕입니다. 일본군의 망령을 부활시키지 않기 위해 언론인과 저술가들은 좀 더, 좀 더 분투해야 합니다.

내가 이 책에서 전하고 싶었던 것은 일본 각지에서 권력에 굴하지 않고 끊임없이 저항하는 이들의 존재입니다. 어떤 나라에 차별과 지배에 맞서 혼자서라도 싸우는 사람이 있다는 사실이 알려져 그 본모습이 밝혀지면 그 나라 사람들에 대한 신뢰감을 갖게 됩니다. 일찍이 한국의 민주화 투쟁은 일본을 비롯해 전 세계의 공감과 신뢰를 얻었습니다. 당시의 학생과 노동자, 지식인의 자기희생적인 운동이 오늘날 한국의 밑거름이 된 것은 일본 젊은이들에게 교훈이 되고 있습니다.

일본 노동운동은 사측의 생산성향상 운동에 협력하면서 완전히 정체성을 잃어버렸습니다. 하지만 이들 무기력한 노조에 반대해서 자립적인 지역과 개인가입 노조 운동은 지금 파견직과 기간제노동자의 권익을 옹호하며 비정한 해고 조치에 맞서 싸우고 있습니다. 경영자의 책임을 추궁해 일자리와 주거를 확보하는 운동에도 나서고 있습니다.

정치적으로는 자민당 정권의 붕괴도 가까워지고 있습니다. 이라크 시민을 대량 학살한 미국도 대통령이 바뀌었고 일본의 정권도 바뀌고 있습니다. 야스쿠니 신사 반대, 미군기지 반대, 빈곤층 구제, 부당해고 반대, 억울한 죄의 재심 청구, 원자력 발전 반대……. 저는 지난 40년간 일본 각지, 다양한 분야의 저항 현장을 방문해 이를 글로써 전해왔습니다. 서로를 이해하고 그 위에 연대의 고리를 만드는 것이 바람이었습니다. 한국 노동자들의 투쟁을 취재한 적도 있습니다. 그 현장에서 언제나 노래와 함께 하는 한국 노동운동의 충실함을 알 수 있었습니다.

　이제 김승일 기자의 수고로 제가 한 일의 일부가 한국에 소개되게 되었습니다. 일본에서 싸우고 있는 이들의 본모습이 전해지는 것으로 한·일 양국 사람들 사이에 신뢰가 쌓이고 연대의 공감대가 형성되는 계기가 되었으면 하는 바람입니다. 이것이 아시아 평화의 기반을 굳건히 하는 것으로 연결된다고 믿기 때문입니다.

2009년 6월

가마타 사토시(鎌田慧)

들어가며

    『주간금요일』에 격주로 연재한 「통분의 현장을 걷다」는 고이즈미 준이치로 정권의 '고통을 동반한 개혁'으로 인해 희생을 당하고 고통을 받는 사람들의 용서할 수 없는 실상을 고발한다는 취지로 시작한 것이었다. 처음엔 6개월 정도의 연재가 될 것이라고 생각했지만 4년 가까이 70회를 훌쩍 넘겼다.

    매회 글의 소재는 무궁무진했다. 이것도 알아보고 싶고 저것도 알리고 싶었다. "해변의 모래가 없어질까!"라던 이시가와 고우에몬(石川五右衛門, 전국시대 거물 도둑-옮긴이)의 심정이었다.

    아베 신조 정권이 들어서면서 그 분노는 더욱 격해졌다. 고이즈미, 아베와 같은 3세 정치인들이 무자비하고 냉혹하게 자신들의 권력유지에 골몰하는 정치를 한 결과, 지금 가진 것 없는 이들은 사경을 헤맬 지경이 됐다. 피해자는 시간이 갈수록 늘어나고 있다. 이미 정치는 망국으로 치닫고 있다.

    일가족 동반자살, 서로를 감당하지 못한 노인 부부의 살인, 여전히 선진국에서 가장 높은 자살률. 생활보호가 중단된 채 전기, 가스, 수도가 끊기고, 굶어죽는 이들도 늘고 있다. 먹을 것이 넘쳐나는 이 시대에

굶어 죽는 사람들이 있다는 것만큼 일본의 모순을 드러내는 사실은 없다.

'프리터'라는 이름의 신분불안정 비정규직 노동자는 줄기는커녕 늘기만 한다. 이들을 먹잇감으로 삼은 근로자파견업의 매출은 10조 엔을 육박한다. 듣기에 그럴듯한 대기업 '굿윌'. 연간 매출 5천억 엔으로 가장 규모가 큰 이 기업을 위시한 파견업체들은 인간을 이리저리 움직이는 것으로만 돈을 버는 '삥땅기업'이다.

파트타이머 등 비정규직 근로자는 1천 600만 명. 이 중 프리터는 400만 명이다. 뼈 빠지게 일을 해도 생활이 나아지지 않는 시간제 노동자는 불어날 뿐이다. 미래의 희망이 없는 프리터 대군은 일본산업의 저변을 방황하고 있다. 얼마 전까지 그 나름대로 존재감이 있었던 '일억총중류'도 이미 파탄난 상태다.

캐논, 도요타, 마쓰시타 등 명문기업도 이토요카당, 요시노야, 마쓰야, 유니크로 등 신흥 기업과 똑같이 파견에 의존하는 악덕으로 번영을 구가한다. 돈만 벌면 된다는 식이다. 경영자의 도덕 따위는 불필요한 경비 취급을 하며 제거해버렸다. 일본 정부가 규제완화에서 나아가 완전한 규제해체로 돌진, 대기업의 이익을 위해 봉사하는데도 야당과 노동조합은 무기력할 뿐이다. 대기업 노조는 자기 밥그릇 지키기에 급급한 특권계급이 되어 있다.

또 법의 허점을 악용하고 있는 것이 '외국인연수·기능실습제도'다. 중국, 베트남에서 모집인들에 의해 선발되어 파견된 이주노동자들은 '연수'라는 명목 아래 시급 300~400엔의 기아임금으로 노동을 강요당하고 있다. 여권과 예금통장을 빼앗는 '노예노동'도 기승을 부린다. 끝내 중국인 노동자가 일본인 모집책을 살해하는 사건까지 발생했다. 불과 10개월의 재임기간 동안 3번에 걸쳐 10건의 사형을 집행한 나가세 진엔 법무장관은 아시아를 적대시하는 '외국인연수제도' 관련 업자로부터 정치헌금을 수수하기도 했다. 아시아인들을 먹잇감으로 생각하는 경영자의 악랄함은 아시아를 멸시하는 증거다. 과거 전쟁에 이은 이 두 번째 강제노동은 장래에 화근을 남길 것이 분명하다.

책 제목을 『르포, 절망의 일본열도』로 한 것은 35년 전 고발한 도요타자동차 기간제(계약직)노동자의 절망을 다시 꺼낸 것이지만 지금은 일용직조차 특권계급으로 비쳐질 만큼 시급 파견노동자(프리터) 대군이 가장 밑바닥에 깔려 있다. 절망 공장의 고통이 사회 전체를 덮어버렸다고나 할까. 절망 공장에서 절망사회로의 확산과 확대는 야당과 노조의 무기력을 드러낸다.

미래가 없는 프리터 대군은 이미 잃을 것이 없는 '프레카리아트' (이탈리아어 프레카리오(불안정한)와 프롤레타리아의 합성어)로도 불린다. 미국에서 만들어진 '워킹푸어' (Working Poor, 근로 빈곤층, 일을 해도 빈곤을 벗어날 수 없는 개인이나 가족-옮긴이)도 일상적인 현상이 되어버렸다.

대기업공장에서는 궁지에 몰린 쥐가 고양이를 무는 반란이 시작됐다. 지역별로 개인별 가입방식의 일반노조가 활성화되고 있다. 무관심층으로 불리던 젊은이들도 지금 삶의 보람을 찾는 반란에 나서기 시작했다. 메이지시대 '치치부곤민당' (秩父困民党, 1884년 사이타마현 치치부 지역 농민들이 당을 결성, 고리채 해결을 정부에 청원했다가 무장 봉기까지 일으켰다-옮긴이)의 예도 있다.

먼저 세기의 악법 노동자파견법을 폐지시키자. 잠자코 있으면 죽는다. 그 사생결단 막판에서 야만적인 수탈에 맞선 저항이 부활하고 있다. 절망사회의 탈출은 저항과 연대에 의할 수밖에 없다.

"절망은 허망하다. 희망이 그러하듯이."

루쉰(魯迅)의 이 말처럼 절망을 뚫고 나와야만 희망의 길이 보인다.

이 책은 2005년 8월 12일에서 2007년 4월 20일까지 『주간금요일』에 연재한 「통분의 현장을 걷다」를 모은 것이다. 취재에 협력해주신 각지의 저항자 여러분, 이 연재를 후원해주신 편집부의 기타무라 하지메, 이다 히로유키, 오니시 후미에 님 그리고 이시고 도모히토 님을 비롯한 사진작가 여러분, 책으로 만드는 데 진력을 다해주신 무카이 도오루 님께 감사를 드린다.

2007년 8월 17일

가마타 사토시(鎌田慧)

르포, 절망의 일본열도

1장

일본, 문어방 사회

비정규직의 반란이 시작되다

2007년 2월 도쿄 JR중앙선 히노(日野)역에서 걸어서 5~6분 거리에 있는 히노자동차 공장 정문 앞에서 '가텐계 연대' 노조원들을 만났다.

'가텐(ガテン)'은 3D 업종 비정규직 노동자를 모집하는 구인지 이름이다. '가텐계 연대'는 새로운 계급인 파견노동자를 일거에 조직화하려는 야심찬 비정규직 노조다. 2006년 10월 하순 이 조직의 출범 집회에 초청을 받아 "모가지를 당해도 죽지 않는다. 어차피 모가지당한 것과 다를 바 없는 존재 아니냐!"고 주장한 바가 있기 때문에 그 뒤 어떻게 됐는지, 재회하는 기쁨과 함께 불안감도 교차했다. 그날은 휴일이었다. 공장 특유의 넓은 문은 굳게 닫혀 있고 구내는 조용했다.

30년 전에도 이 공장의 준사원(임시직) 노동자에 관해 글을 쓴 적이 있다. 이 공장 라인에 근무하다가 선발시험에서 떨어진 후지카와 쇼지 씨는 그 후 '해고예고'에 맞서 싸웠고, 역시 준사원 신분에서 해고당한 뒤 법정투쟁에서 승소한 동료와 함께 공장 내에 '유지(有志)회'를 만들어 활동했다. 히노자동차공장 노조 중앙위원회는 '외부 유인물은 받지 않겠다'고 결의한 뒤 '조직과 직장을 지킨다'는 내용의 유인물을 배포했다. 한편 직장 안에서는 후지카와 씨를 집적대거나 손찌검하는 등 폭력까지 휘두르며 괴롭혔다. '사원 일동' 연명으로 '후지카와를 해고하라', '회사를 파괴하는 후지카와를 쫓아내라'는 포스터가 '후생과' 허가인이 찍혀 사원식당 벽에 붙기도 했다.

'조직방위', '생활방위', '기업방위'라는 미명으로 노동자를 괴롭히고 따돌리는 암울한 노동운동은 회사가 위기의식을 부채질하고 노조를 사주하면 언제든 공포스런 존재로 엄습한다. 마찬가지 사례는 사이타마현 닛산디젤공업에서도 찾아볼 수 있다.

　후지카와 씨는 그 뒤 회사를 그만두고 고향인 도쿠시마로 돌아갔다가 교통사고로 숨졌다. 대부분의 일본 대기업과 마찬가지로 이 도요타그룹 산하 자동차 공장에도 어두운 노동자의 역사가 흐르고 있다. 1970년대 말 소수의 반대 목소리를 억눌러 말 한마디 못하는 직장으로 만든 결과가 오늘날의 신분 불안정한 노동자 대군을 낳았다고도 할 수 있다. 경영자의 횡포가 제지되지 않은 채 직장 환경이 열악하게 바뀌면 사회악이 될 뿐이다. 예컨대 자기 회사만 비용을 삭감하려 미처리 폐기물을 방류하다가 정신을 차려보면 다른 공장도 똑같이 강과 바다를 오염시키고 있고, 그 결과 엄청난 공해환자를 만들어내는 것과 유사하다.

　회사들은 수익을 내기 위해 경쟁적으로 저비용, 기아상태의 노동자를 양산하고야 말았다. 이것이 공해보다 참혹한 것은 다름 아닌 일본 정부가 법률로서 기업의 사회적 책임을 저버리게 하고 전 근대적인 노무관리를 부활시킨 '노동자파견법'을 개정해 극히 정치적으로 노동자의 권리를 박탈하고 기아선상의 노동자를 대량 발생시킨 결과를 초래한 점이다.

'기간제'를 부러워하는 '파견'

　공장 정문 앞에서 6명이 모여 단체사진을 찍을 때 느낀 건데 모두

들 꽤나 다부진 얼굴이다. 아주 꼼꼼한 성격 같은 와다 요시미쓰(42) 집행위원장은 결성 기념집회에서 인사할 때는 아주 흥분한 모습이었는데 3개월 만에 만나보니 자신에 찬 듯 침착해 보였다.

이케다 잇케이(27) 서기장은 어딘가 초연하면서도 무엇이든 재미있어 하는 타입이었다. 하여튼 두 사람 모두 후지카와 씨처럼 맞고 차이는 폭행을 당한 적 없이 지금도 같은 직장에서 계속 일을 하고 있다고 했다. 그 말을 듣고 나는 안도했다. 도쿄 출신 이케다 서기장은 2005년 3월 대학을 졸업하자마자 프리터*가 됐다. 이케다 서기장이 휴대전화로 '프리터 검색' 서비스에 접속해 보여줬다.

> * free와 arbeiter의 합성어. 일정한 직장 없이 아르바이트나 파트타임으로 생계를 유지하는 사람들.

'①고수입 ②고수입 ③고수입. 전부 동일'

유혹하는 광고문구가 쏟아졌다. 전화하면 내일부터 당장 나오라고 한단다. '대기업 근무' '공장 스태프' 라는 표현도 있다. 이 얼마나 위장된 문구인가! 또 역이나 쇠고기덮밥집 앞에는 'job', 'WORK' 등의 무가지가, 편의점에는 '가텐' (100엔) 등의 유료구인지가 넘쳐난다. 마치 노동시장에 일이 넘치는 것처럼 보이지만 모두가 프리터 일자리다. 일본에서 가장 돈을 많이 벌고 세계에서 자동차를 가장 많이 생산하는 도요타조차 이들 무료구인지의 겉장에 '단기간 근로자' 모집 전면광고를 실을 정도다. 그 요란함은 과거 공중전화 박스 안에 붙어 있던 핑크색 '풍속 산업' 광고를 뺨친다. 프리터는 '일본 산업의 비료' 인 것이다.

이케다 서기장의 일은 하루 종일 트럭용 트랜스미션의 기어를 잘라내는 것인데 기계가 낡은 탓에 기름투성이가 되고 만다. 서기장 자신도 발에 부품을 떨어뜨려 다친 적이 있지만 기계에 찍히는 노동자가

드물지 않다. 임금은 시급 1천 150엔. 구인광고 문구는 '월수 31만 엔 이상'이었지만 휴일근무와 잔업을 해도 20만 엔에서 24만 엔 정도로 빠듯하다. 여기에 사회보험, 그리고 3인실에 일인당 3만 8천 엔의 기숙사비와 이불, TV, 냉장고, 광열비 등 7만 5천 엔을 빼고 나면 손에 쥐는 것은 13만 엔 전후. 이것으로 '문어방(タコ部屋)'* 탈출은 불가능하다.

이케다 서기장은 여기까지 설명한 뒤 같은 직장에서 같은 일을 해도 기간제 쪽이 훨씬 좋다고 부러운 듯 덧붙였다. 정말 놀라운 사태다. 같은 프리터라도 '기간'과 '파견'으로 나뉜 것이다. 기간제는 일당 9천 500엔에 개근수당 2만 엔을 받고 기간만료가 되면 위로금도 붙는다. 기숙사도 무료다. 반면 파견은 비싼 기숙사비를 지불하고 2개월마다 계약을 갱신해야 한다. 언제 잘릴지도 모른다.

"운명의 장난이군요."

농담으로 말했지만 모두 진지하게 고개를 끄덕였다.

"불만 있으면 기간제가 되라고 하더군요."

이케다 서기장이 한숨을 쉬었다. 하지만 항상 기간제를 모집하는 것도 아니다. 정규직도 기간제도 모집하지 않기 때문에 파견회사의 먹잇감이 된다. 운명의 갈림길은 정규직과 임시직이 아닌 기간제와 파견, 열악한 조건의 사람들끼리였다.

도요타 자동차의 '계절공'*과 신 일본제철의 '노동하숙', 아사히초자의 '구내하청' 등을 체험

한 적이 있어서 노동구조의 밑바닥 사정에 웬만해서 놀라지 않는 나조차 대량의 프리터가 기간제 밑에 쉽게 쓰고 버리는 일회용의 거대한

저임금층을 형성한 데 대해서는 아연실색할 수밖에 없었다. 예전에는 기간제가 가장 밑바닥 노동자였다.

노조를 결성한 뒤 단체교섭을 요구했다. 그 과정에서 히노자동차가 파견회사 '닛켄총업(日研總業)'에 지불하고 있는 시급이 1천 750엔(주간근무)이라는 사실이 밝혀졌다. 파견회사가 지불하는 시급은 1천 150엔. 일인당 600엔의 차액이 닛켄총업의 '경비'와 '이익'으로 들어간 셈이었다. 또 임대아파트에 세 사람씩 밀어 넣고 월세를 훨씬 뛰어넘는 기숙사비와 여타 경비를 징수해 뜯어내는 이익도 장난이 아니다. 한마디로 삥땅이다.

와다 집행위원장과 이케다 서기장이 노조를 결성하게 된 계기는 정규직, 기간제, 파견 사원이 함께 한 직원 꽃놀이 야유회 때의 사건이었다. 기분이 좋아진 정규직 한 사람이 이케다에게 말을 걸었다.

"너 몇 살이야?"

"27살입니다."

"그래? 그럼 인생 끝났군!"

"파견을 무시하지 마세요."

이 파견 차별 발언에 항의한 와다 씨는 야근이 끝나기도 했던지라 대단히 술에 취해 이케다 씨에게 업혀 기숙사로 돌아갔다. 그 원통함이 노조 결성의 원동력이 됐다. 같은 구내에서 일했던 오다니 마코토(46), 오자와 다쿠(39) 씨는 와다 씨와 이케다 씨가 뿌린 유인물을 보고 의기투합했다.

오다니 씨와 오자와 씨를 파견한 회사는 '풀캐스트'다. 이 파견회사가 징수하던 작업복, 작업모, 안전화 세트 비용은 8천 엔이었지만 실제 구입가는 5천 엔. 노조가 부당함을 따지자 풀캐스트는 파견노동자 일인당 3천 엔씩을 돌려줬다. 또 노조는 구인지 과대광고(수입 32만 엔 이상)에 대한 사과와 손실보상도 요구했다. 모집 과대광고는 '근로자파견업계'의 전형적인 수법이다.

오카자키 도시히로(33) 씨는 파견회사 '아이라인'의 알선으로 도쿄 오우메시 소재 히타치제작소에서 근무하고 있다. 도중에 '직접고용'으로 바뀌었지만 고용조건이 좋아진 것은 없다. 그는 "위장된 직접고용일지도 모른다"며 씁쓸하게 웃었다. 아이라인의 연간 매출은 1999년 50억 엔이던 것이 2006년 연 340억 엔으로 급성장했다.

고토 히데키(47) 씨도 '아이라인' 파견으로 히타치제작소에서 일하고 있다.

"이 세계에서 벗어나기는 힘듭니다. 때문에 노조를 결성해 모두의 조건을 개선해야 합니다."

고토 씨는 노조를 결성하기로 했다. 비장감도 없이 확신에 차서 말하는 품새는 이제 더 이상 잃을 것도 없다는 낙천성과 지금까지의 인생경험 때문인 것 같았다.

횡행하는 노동자 부품화

히노자동차는 닛켄총업 등 인력파견회사 14곳에서 파견노동자 1천 100명을 공급받았지만 출향(出向)*이라는 형식으로 법적 규제를 피했다. '위장출향'과 '위장도급'은 직접고용의 책임을 지지 않고 산재보상 등 법망을 피하는 것으로, 일본경제단체연합회 회장의 회사인 캐논을 필두로 도요타와 마쓰시타 계열 회사들이 단골로 사용하는 수법이다. 이 회사

* 모회사에서 자회사로 파견하는 것을 의미했지만 최근 불법파견을 위장하는 용어로 사용.

의 노동자 구조를 보면 정규직 3천 500명(연 수입 600만 엔 이상), 기간제 2천 명(일급제. 연 수입 400만 엔 전후), 파견직 1천 100명(시급제. 연 수입 200만 엔 미만)으로 구성된다. 그래도 방송업계의 정사원과 하청 프로덕션 사이의 5~6배 격차보다는 낫다.

파견노동자를 장기 사용하면 직접고용으로 전환해야 하는 의무가 발생하지만 '도급'이나 '출향'으로 해두면 형식적으로는 다른 회사 직원이기 때문에 직접 고용하지 않고 마음껏 부려먹을 수 있다. 산재가 발생해도 고용관계가 존재하지 않는다며 책임을 회피할 수도 있는 것이다.

원래 1985년에 제정된 노동자파견법은 그 자체가 직업안정법으로 금지되어온 '노동자공급업'을 해금한 것이었다. 이는 중간착취를 방임하는 결과가 되는 것이었기 때문에 이 악법을 허용하는 조건으로 겨우 몇 가지 업종을 제한하는 규제를 남겼다. 하지만 그 규제조차 조금씩 완화되더니 결국 거의 전 산업으로 확산되어버렸다. 바야흐로 노동자들은 경험해본 적도 없는 '도급'과 '출향'이라는 이름의 유령 즉, '죽은 혼'이 되어 생산성 향상의 희생양이 되고 있다. 과거 '중간착취산업'으로서 조직폭력단의 자금원이 되었던 '인부공급업'이 근대적으로 포장되어 당당히 부활한 것이다.

유령노동자인 와다 씨와 이케다 씨 등을 히노자동차에 공급한 '닛켄총업'은 '사내도급' 전문의 동족 회사로서 1981년 설립됐다. 연 매출은 2002년 608억 2천 100만 엔, 이익은 8억 4천 700만 엔이었다. 4년 후인 2006년에는 매출 1354억 1천만 엔, 이익은 30억 1천 100만 엔으로 증가했다. 노동자를 공장에 보내는 것만으로 이 정도 이익을 올린 것이다. 이 외에도 연간 매출 5천억 엔의 '크리스탈그룹' 등이 있다.

그룹 산하의 '컬래버레이트'(직원 3만 4천 명)는 위장도급이 발각돼 '업무정지'를 당하기도 했다.

또 노동현장에서 가장 밑바닥인 뜨내기 노동자와 기간제 밑에 대량의 외국인노동자가 출현했다. 이것이 불황과 함께 구조조정이 확대됨에 따라 젊은 노동자의 프리터화가 심각해지고 파견노동자 대량 발생으로 이어졌다. 사회 최하층 아래에 다시 최하층을 만드는 것을 법률적으로 보장하는 것이 바로 '노동자파견법'이었다.

이 악법을 만든 장본인 다카나시 아키라 신슈대 명예교수는 파견노동자를 '필요할 때, 필요한 인력을 필요한 기간 동안만 기업의 요청에 응해서 파견하는 것'이라고 정의하고 있다. '도요타 생산방식'의 정수인 '간판 방식'의 응용이며 인간을 토막 내는 노동자의 부품화다.

이것은 망국의 합리화다. 우선 파견법을 폐지해야 한다. 파트타임, 파견, 프리터들의 노조 결성이 시작됐다. 노동자를 이렇게 혹독하게 취급하는 걸 허용하는 것은 국제적인 치욕이다. 고임금에 안주하는 대기업 노조의 퇴행도 문제다.

뜨내기 노동자의 거리, 산야

설을 지나면서 노숙자가 점점 증가하고 있다고 '산야(山谷) 쟁의단' 나카무라 미쓰오(中村光男) 씨는 걱정했다. 정부는 경기가 호전되기 시작하고 실업률은 약간 낮아졌다고 자랑을 늘어놓고 있지만 어디를 말하는 것인지 조금도 위안이 되지 않는다.

"특히 우에노가 증가하고 있습니다. 30~40대 한바(飯場)*층입니다."

> * 일거리와 숙식을 함께 제공하는 노무자 합숙소.

한바에 들어와 있는 젊은이들이 일거리가 끊겨 길바닥으로 내쳐지고 있다. 이래서는 50~60대 노숙자들에게 돌아올 일거리는 더욱 적어진다. 신주쿠 연락회와 산야 쟁의단이 세밑부터 새해에 걸쳐 계속한 무료급식은 지금은 일요일 주 1회로 축소됐다. 모금이 여의치 않아서다.

빛바랜 목조 2층 건물의 '도야(싸구려 여인숙)'가 처마를 가지런히 맞대고 있다. 도야는 여관으로 부르기에는 뭣한 '야도(宿, 숙박업소)'를 뒤집어 부르는 비속어. 1박 1천~1천 500엔의 염가의 비밀은 이층침대와 8인실 방이다. 그래도 한 달에 3만~4만 5천 엔씩이나 지불해야 한다.

이 동네에서는 보기 드문 콘크리트 빌딩은 노동복지센터다. 과거에는 이곳에서 일자리를 알선했다. 건물 뒤편의 좁은 도로가 배식의 거점이다. 드럼통을 개조한 부뚜막이 다섯 개 정도 줄지어 설치되고

노숙자와 실직자들을 위한 도쿄 산야의 무료급식장.

©이시고 도모히토(石鄕友仁)

그 속에서 포장용 판재는 신나게 타고 있다. 부뚜막마다 큰 알루미늄 냄비가 걸려 있고 따뜻한 냄새가 나고 있다.

인근 도야의 양해를 구해 도로에서 밥을 지을 수 있게 되자 이 길은 노상생활자들을 위한 거대한 조리장이 됐다. 산야뿐 아니라 우에노, 신주쿠 노숙자들에 대한 공급기지이기도 하다. 노숙자와 자원봉사자들이 세 곳에서 1천 500명분을 만들고 있다. 몇 년 전 이곳에 왔을 때 들은 바로는 단지 식사를 제공하는 데 그치지 않고 노숙자들도 조리에 참가하는 공동 작업이 됐다고 한다.

엄청 많은 사람들이 덮밥 한 그릇과 '스이톤'(밀가루로 만든 떡국)을 받기 위해 길가에 서글프고도 긴 행렬을 만들었다. 4백 명이 넘는 단색의 집단. 아무리 낙천적인 사람이라도 지금 목격하는 이 압도적인 광경에는 가슴이 메지 않을 수 없을 터. 고픈 배를 움켜 쥔 사내들의 집단(극소수의 여성도 있기는 하다)인 때문일까. 어딘지 모르게 정적이다. 과거 '뜨거운 여름'이라고 일컬어지며 에너지 넘치는 폭동조차 드물지 않던 산야의 넉살은 그림자도 찾아볼 수가 없다.

그래도 막 도착한 기색의 신입이 섞여 있어 왠지 불안한 집단이 된 신주쿠 노숙자들보다 여기 산야 사람들에게서는 꿋꿋하게 살고 있다는 배짱이 느껴지고 안정감도 있어 보인다. 신주쿠 중앙공원에는 노숙자 이발관도 있었던 것 같고 3차 산업에 종사하던 사람들을 많이 볼 수 있었다. 반면 산야는 예전부터 일용노동자 인력시장으로서 건설, 토목 노동자가 주류였다.

산야의 도야 거리는 조리장일 뿐만 아니라 가늘고 긴 식당이기도 하다. 중고 재료를 이용한 조립식 테이블이 길 가운데 설치되고 급식이 시작됐다. 하얀 발포 스티로폼 그릇에 큰 국자로 '스이톤'을 담아주는 날이 많다. 나도 한 번 얻어먹었는데 아주 맛있었다. 올해 정월 초하루 배식은 '연어 냄비' 요리였다. 끝날 무렵 국건더기가 동이 나자 밥에 국물만 얹어주는 것으로 바뀌었다.

"나눠 먹읍시다."

동료의 쉰 목소리가 울렸다. 주변은 어두워졌다. 불빛이 강해진 가로등 아래 방한구 깃을 세운 사내들이 테이블을 가득 채우고 선 채 먹고 있다. 말소리는 없다. 기침하는 소리, 콧물 훌쩍이는 소리, 쩝쩝 씹는 소리. 미세한 소리가 이상할 정도로 크게 들렸다. 정신을 차리자 사람들은 어딘가로 떠나고 길 위에는 즉석 테이블만 남았다.

우에노역 지하통로에서 골판지를 부둥켜안은 노숙자들을 보면서 나는 불현듯 60년의 시간을 거슬러 '부랑아' 로 불리던 도쿄 공습 생존자들이 들어 있지 않나 하는 불안한 생각이 들었다. '부랑아', '황금알'*, '잔류고아'**. 그들은 나의 동기생이다. 패전하던 해 초등학교 1학년이던 나는 '스이톤' 이라는 말을 듣자 식량난, 암시장, 전투모를 쓴 귀환병, 부랑아의 영상이 머릿속에서 한 덩어리가 되어 떠올랐다. 부랑아는 '거리의 아이들' 의 선배이기도 하다.

* 제2차 세계대전 직후 태어난 베이비 붐 세대.
** 패전 뒤 중국에서 돌아오지 못한 일본인 후손.

산업의 폭력구조

산야는 센소사(淺草寺)의 아사쿠사 관음상에서 그리 멀지 않은 일용노동자의 거리다. 에도시대부터 결혼하지 않은 사내들이 여기서 일거리를 찾아 나갔다가 오후가 되면 동료들과 함께 돌아오곤 했다. 1960년대까지 '아사쿠사 산야초' 였고 노면 전차 정류장이었는데 지금 산야의 지명은 오사카의 가마가사키와 마찬가지로 지도상에서 사라졌다. 가마가사키가 '도비타 유곽'과 피차별부락에 이어져 있었던 것처럼 산야도 에도시대 유곽 '요시하라'와 피차별부락과 인접한 것은 치안정책의 일환인 차별, 분리지배의 축소판이었다. 사회의 가장 밑바닥으로 밀려간 사람들은 따로따로 살아갈 수밖에 없었던 것이다.

　도쿄 올림픽을 앞두고 건설 붐이 일어나면서 동북지방 농촌에서 '상경노동자'가 대거 흘러 들어왔다. 한바에 들어가지 못한 노동자들이 산야에 모여들었다. 1963년께 200곳 이상의 도야에 1만 5천 명 이상의 노동자가 가득 들어차 있었다. 그러다 도야 요금조차 지불하지 못하게 된 이들이 길바닥으로 쫓겨나와 동사(凍死)와 싸우고 있는 것이다.

　올 들어 가나가와현 가와사키시가 노숙자 지원시설을 추진하자 주민들이 반대 운동을 벌인 뉴스가 전해졌다. 노숙자들은 결코 범죄 집단이 아니다. 걸식을 하지 않는데도 마치 산업폐기물 시설 같은 취급을 당한다. 노숙자는 노동시장과 기숙사에서 배제된 실업자(노숙노동자)의 별칭에 불과하다. 가끔 빚에 쫓기는 도망자가 있다 하더라도 그 불운에 누가 웃을 수 있을 것인가. 그들에게 이불과 샤워장을 제공하고 재취업의 기회를 제공하는 시설은 최소한의 생명을 보장하는 것이다. 이 생명을 지키는 것은 바로 행정당국이 할 일이다.

　그런데 '이물질'을 제거하려는 '선량한 시민'이 늘고 있다. 위생관념과 맞물리면서 '노숙자 사냥' 예비군은 날로 증가하고 있다. 2004년 6월 고토구 가메이도. 16세 소년 2명이 아라카와로 흘러드는 나카가와 하천 다리 밑의 64세 노숙자를 강에 뛰어들게 만들어 익사시키는 사건이 발생했다.

"노숙자는 인간쓰레기니까 죽어도 괜찮다고 생각했습니다."

그 가운데 한 소년의 진술이다.(아사히신문 2004년 1월 27일자) 이렇게 가벼운 생명관은 노숙자를 쫓아내고 싶어 하는 어른들에게서 물려받은 것임에 틀림없다. 눈에 거슬리는 건 주변에서 내쫓아버리려는 심리다. 2005년 7월에도 한 고교생이 스트레스를 발산하고 싶어 노숙노동자의 머리를 짓밟아 살해한 적이 있다. 노숙자에 대한 소년들의 증오는 자신의 장래에 대한 공포로 점점 증폭되고 있다.

가설식당이 된 도로를 따라 설치된 울타리에 모조지가 붙여지고 악덕업자에 관한 정보가 적혀 있다. 일한 곳에서 돌아온 동료들의 정보를 정리한 것이다.

'일했던 회사 사장은 전직 짭새. 2000년에 쟁의'

'고토(後藤)건설 도산. 합숙소에 들어간 뒤 3주간 일거리 없음'

한바에 끌려간 뒤 3주간 일이 주어지지 않았다면 숙박료가 빚이 되어 빠져나올 수 없게 된 상황을 의미한다.

'15일 만기를 채우는 데 75일 걸렸다.'

약속한 15일치 일하는 데 75일이나 발이 묶였다면 그 만큼 빚이 됐다는 말이다.

'7천 엔에서 식비 2천 엔을 빼고 숙박비 월 2만 엔, 강제 저금 4만 엔! 1개월 일하고 손에 쥔 것은 750엔에 불과했다는 동료도 있다.'

우에노 직업안정소 다마히메출장소에 따르면 과거 1만여 노동자들이 일거리를 얻어 생계를 이어가던 산야도 지금은 하루에 불과 270명분의 일거리밖에 없다.

한편 역에서 이루어지는 현장알선은 늘었다. 모집책이 역 앞에 있다가 눈에 띄는 노동자에게 말을 걸어 차에 태워 현장으로 실어간다. 구인시장이다. 예전에는 일당이 1만 몇 천 엔이었지만 지금은 6천~7천 엔으로 후려친다. 또 식사, 숙박료 2천 엔은 별도로 제한다.

산야 쟁의단의 나카무라 미쓰오 씨는 '채무구금노동'이라는 개념을 사용했다. '노무자 합숙소 내 실업'이라고 하는데 폭력 합숙소의 현대판인 한바에 들어가도 일거리가 주어지지 않기 때문에 빚더미에 올라앉아 달아날 수도 없는 상황을 말한다. 나도 일한 적이 있는 기타규슈시 야하타의 폭력합숙소 '노동하숙'에는 10년째 머물고 있는 사람도 있다. 하지만 일거리와 잠자리를 제공하기 때문에 '채무구금'이라 해도 '얼어 죽는 자유'보다는 훨씬 낫다.

대형 건설 회사를 밑바닥에서 지탱하는 것이 바로 폭력단이 경영하는 합숙소다. 모집책이 폭력단에 상납금을 바쳐 구역을 확보하고 있다고 나카무라 씨는 분통을 터뜨린다. 이 때문에 산야 쟁의단은 폭력단과 그 원청회사에 대한 미불임금 청구 투쟁을 벌이고 있다. 고이즈미 준이치로 총리가 '구조개혁'을 한다면 일본 산업을 근저에서 파먹고 있는 이 폭력 구조를 가장 먼저 해체해야만 할 것이다.

불황은 노동자를 죽여 보험금을 탈취할 정도로 심화되고 있다. 홋카이도 히다카공업, 야마나시현 아사히건설에서도 합숙소 노동자 살인사건이 발생했다. 노동자 사이에서 '무자비한 ○○'로 불리는 폭력 한바는 그야말로 무법천지의 상태다.

신주쿠
노숙자들의
월동

신주쿠역 서쪽 출입구에서 도쿄도청으로 향하는 지하도를 걸었다. 보도를 따라 늘어선 철책에는 노숙자를 거부하는 매정한 의지가 담겨 있다. 지금은 잊혀진 '아오시마 지사 시절'의 유산이다.

노숙자를 차단하려고 설치한 이 철책은 '시민파'를 표방했던 아오시마 유키오(靑島幸夫) 전 지사의 냉혹함을 드러낸다. 그는 생사의 끝자락에 몰려 있는 사람을 구하기는커녕 눈앞에서 쫓아내는 것으로 '해결'하려 했다. 그로부터 몇 년이 지나자 노숙자는 도쿄 곳곳에 모습을 드러냈다. 불황이 심화되면서 지하에서 부상해 각자 살아남기 위한 장소를 구하면서 확산된 것이다.

스미다(隅田)강 연안에는 무려 천여 채나 되는 푸른색 비닐 텐트가 처마를 나란히 하고 있다. 텐트에서 밀려나온 이들은 관음상 밑 아사쿠사 아케이드 거리에서 얕은 잠을 자고 있다. 이 밖에 우에노공원과 신주쿠중앙공원의 푸른 텐트를 차지하지 못한 채 정처 없이 떠도는 이들도 많다.

"오랜만이네요."

"건강하시죠?"

신주쿠중앙공원에 모인 사내들이 안부를 확인하는 인사를 나눈다.

'북동 입구' 작은 광장에서 섣달 그믐날 무료급식 행사가 진행되고 있다. 노숙노동자 지원조직인 '신주쿠연락회' 가사이 가즈아키(笠井

和明) 씨의 설명에 따르면 섣달 그믐날에 준비한 식사는 900명분이었다. 공원 내 푸른 텐트촌 200인분, 다카다노바바 등에서 걸어오는 사람 400인분. 여분은 2인분을 먹는 이들을 위한 몫이다.

감자튀김을 받기 위해 줄서다

흰 팩 용기에 소복하게 담긴 덮밥과 닭날개 튀김이 송년의 성찬이었다. 자원봉사자들이 밥 위에 채소 샐러드와 닭고기를 얹어 건넸다. 자원봉사 회원은 30~40명이나 된다.

준비해 온 밥은 종이상자 안에서 차갑게 식어 있었다. 다시 데워져 나올 거라고 생각하고는 그만 급식이 시작됐을 때 "따뜻하면 좋았을 텐데……"라고 내뱉어버렸다. 한 중년남성(이하 A씨) 봉사자가 "그건 사치"라고 꾸짖었다. 600명분을 다시 데우는 수고도 그렇지만 공원에는 데울 장비가 없다.

A(41)씨는 과거 우동가게에서 일하다가 허리를 다쳐 일을 그만두게 됐다고 한다. 우동 면을 손으로 뽑는 작업이 허리에 부담을 주겠거니 생각하면서 그의 말에 귀를 기울였다. 실직해 산야로 흘러 들어갔단다. 하지만 허리가 아파서 일을 할 수 없었다. 도야(싸구려 여인숙) 요금도 지불하지 못하게 되어 끝내 길거리에 나앉게 되었다. 차가운 콘크리트 바닥 위에 골판지를 깔고 생활하는 게 허리에 좋을 리가 없다. 온몸을 덮치는 냉기가 허리뼈를 파고드는 걸 상상할 수 있었다.

'신주쿠연락회'가 구청과 협상한 끝에 A씨는 의료보호 대상이 됐다. 지금은 치료를 받으면서 생활보호로 살고 있다. 아파트에 들어갈 수 있게 된 것이다. 산야의 도야에 있었을 때 8인 합숙방의 월세는 무려 5만 엔. 겨우 다다미 6장 크기의 방으로 운영자 측은 40만 엔이나 수입을 올렸다. 그 정도 금액이면 고급 아파트 수준인데!

이날 신주쿠중앙공원에서 지급된 닭튀김 덮밥은 신주쿠연락회가 성금을 모아 마련한 것이었다. 이날 활동이 없었다면 노숙자들은 구청이 지급하는 건빵만으로 해를 보내야 했다. 연락회 측은 식사에 앞서 헌 속옷과 스웨터를 나눠줬다. 노숙 노동자들은 저마다 모자에 방한구를 끼워 입은 차림새여서 어쨌든 낮 추위는 견딜 수 있을 것 같아 안심이 됐다. 적어도 의복은 결핍 상태라기보다는 보급되고 있다는 여유가 느껴졌다.

저녁식사가 끝나자 감자튀김을 배급했다. 다 큰 어른들이 작은 감자봉지를 받으려고 줄지어 서 있는 광경이 서글펐다. 인원수만큼 있는지 불안한 탓에 행렬에는 긴장감마저 감돌았다.

"밀지 마세요."

젊은 자원봉사자가 소리치는 걸 듣고 눈물이 날 뻔했다. 감자튀김 한 봉지를 안고 넘기는 해 저편도 역시 고난은 계속되겠지.

'이가라시 마사시와 솔브라더즈'와 '라비이사리'라는 밴드가 자원봉사로 노래를 부르고 있었다. 노숙자들은 조용히 듣고만 있을 뿐 그다지 분위기가 고조되지는 않았다. 밤 10시께부터 가라오케가 시작됐다. 상상했던 대로 엔카뿐만이 아니었다. 나 같은 사람은 들어본 적도 없는 젊은 층의 랩이 이어져 노숙자의 저연령화를 새삼 실감할 수 있었다. 청중들의 얼굴을 봐도 옛날처럼 토목건축 노동자풍 사람들만이 아니다. 젊은 샐러리맨과 사무관리직, 상점주인풍의 얼굴도 적잖게 눈에 띄었다.

공원은 점점 추워졌다. 초고층 빌딩가 바로 뒤에 도쿄도청의 화려

한 빌딩이 있고 그 아래 우뚝 서 있는 것이 하룻밤 5만 엔을 넘는 '파크 하얏트 도쿄' 다. 그 빌딩군에 뭉개질 듯한 작은 푸른 텐트 안에 감자튀김으로 해를 넘기는 실업자가 한 사람씩 들어앉아 있다.

무한한 계급차를 만들어 내는 사회

노숙자가 된 적은 없지만 직업상 신주쿠와 오사카성 공원 노숙자와 산야 실업자 취재를 통해 수많은 노숙자와 부딪혀왔다. 원인은 말할 필요도 없이 정치의 빈곤이다. 수도의 주요한 역 앞에 이 정도 노숙자가 있는 광경은 미국과 유럽에서는 드물다. 그 수는 어림잡아 6천 명. 이들을 인간취급하지 않는 행정당국의 부작위가 고스란히 드러나고 있다.

지난해 독일 베를린의 한 교회 시설에서 운영하는 노숙자 급식소를 취재한 적이 있다. 스프를 시작으로 디저트까지 따라 나오는 정식이었다. 신주쿠와 산야처럼 공원이나 도로에 서서 급히 먹게 하지 않는다. 테이블보는 없지만 몇 가지 메뉴가 주어지고 테이블에 앉아 친구들과 담소하며 천천히 먹는다. 노숙자뿐만 아니라 근처의 저가 임대주택에 살고 있는 실업자도 온다. 1일 1회 급식이다. 급식은 교회가 맡지만 샤워시설은 베를린역에 있어 그곳에서 몸을 씻고 봉사자들이 가져온 옷으로 갈아입는다고 한다.

이전에 미국 디트로이트 교회 시설에서 역시 급식을 받는 실업자를 취재하기도 했는데 그곳에는 숙박시설도 있었다. 일본식으로 표현하자면 절이 자원봉사를 하는 셈이다. 다시 말해 규모가 큰 신흥종교라도 신도들이 비용을 모으거나 지역에 있는 시설을 사용하면 충분히

할 수 있는 일이다. 혹은 겨울 동안만이라도 공원에 가설주택을 만들어 동사를 막는 방법도 있다. 경쟁사회에서 한번 탈락하면 그 후는 죽음뿐이라는 현실은 비정하기 짝이 없다. 사회의 가장 밑바닥으로 떨어지더라도 인간은 필사적으로 살려고 한다. 그 노력을 묵살하는 것이 행정의 자세는 아닐 것이다.

어쨌든 생활보호로 최저생활을 하게 된 A씨는 지금 옛 동료들을 지원하는 운동을 하고 있다. 생활보호를 받고 있는 이들과 그렇지 못한 이들 사이의 반목도 있다고 한다. 말하자면 노상생활에서 탈출한 사람과 아직껏 탈출하지 못한 사람들 사이에 가책과 선망이 엇갈리는 것이다. 그것은 승자로서 파크 하얏트의 침대에서 잠을 청하는 사람과 패자로서 숲 속 텐트에서 떨고 있는 사람의 차이와 닮았을지도 모른다.

현대사회의 지배자는 한없이 미세한 계급차를 만들어내 경쟁의 계단을 오르게 하거나 떨어뜨리는 잔혹한 게임에 신이 나 있다. "노숙자는 마음이 편해 좋겠다"는 말은 관리사회에서 탈락되길 원한다는 표현이기도 하지만, 따뜻한 식사와 목욕에서 배제된 생활을 좋아하는 사람은 없을 것이다. 멸시와 호기심의 시선은 안전권에 있는 자기 자신에 대한 확인이기도 하다.

신주쿠중앙공원에는 의료봉사자 텐트가 있다. 의사와 변호사들도 협력하고 있다. 노숙자는 특수현상이 아니고 사회적으로 일상화한 현상임을 보여준다. 최근에는 지방에서 온 사람들이 두드러지고 있다고 한다. 지방에도 노숙자가 나타난 것이 현대의 특징이다. 이들 가운데는 도쿄를 향해 걸어오는 사람도 있다. 또 다른 특징은 여성 노숙자가 늘어나고 있다는 점이다. 가정에서 떠나온 사람들도 이곳으로 온다.

노숙자의 범위가 확대되고 있는데, 이는 계급 내 계층의 확산임과 동시에 계층 경계선의 소멸이기도 하다. 따라서 '나도 언젠가는……' 이라는 생각으로, 바로 내 문제로 인식하고 행정으로 하여금 구제책을 마련하게 하는 노력이 필요하다. 한 사람 한 사람이 모두 인간적인 생활을 추구할 권리가 헌법에는 보장되어 있다. 추위는 지금부터다.

　　"노숙자 여러분 엄동설한에 살아남으세요."

죽음을 부른 체불임금 지급 요구

2002년 10월, 야마나시현 쓰루(都留)시에서 일용노동자 3명이 살해당한 뒤 암매장된 채 발견됐다. 시신 DNA 감정 결과를 전하는 신문기사는 발견되기까지의 긴 시간뿐 아니라 불황의 가장 밑바닥인 노동자의 아비규환을 단적으로 드러내고 있다. 한 사람은 아직 신원이 밝혀지지 않은 상태이다.

세 사람 모두 오사카 '가마가사키(釜ヶ崎)'에서 온 것으로 추정하고 있다. 간사이(関西)에서 간토(関東) 인근 산중에 있는 한바까지 일자리를 찾아왔던 그들은 죽임을 당해 강물을 대량 머금은 흙속에 파묻혔다. 눈이 쌓이는 겨울이 몇 번이나 지나고 그 위에 자갈을 부은 주차장이 만들어져 차가 드나들었다.

가나가와현과 경계인 야마나시현 동쪽 끝 쓰루시. 현도에서 2km 정도 들어간 삼나무 산을 개척해 조성된 캠프장이 시신이 묻혔던 곳이다. 작은 다리를 건너니 입구가 나오고 비를 피할 정도의 취사장과 비닐 시트로 덮인 큰 개집이 눈에 들어왔다. 인기척은 전혀 없었다. 다리 입구에 종교단체 수행장인 듯한 건물이 있었다. 내 나이 또래의 여성한 명이 시체가 묻혔던 현장을 일러줬다. 목표지점인 간이화장실이 바로 보였다.

차를 멈추고 걸었다. 삼나무 숲 옆 사각형 공터에 어린 은행나무가서 있고 술이 담긴 컵이 밑 부분이 흙 범벅인 채 셀로판지에 싸여 있다. 시들어빠진 꽃다발도 보였다. 도쿄에서 온 산야 쟁의단 회원들이 바쳤을 것이다. 살해당해 유기되기 전에도, 또 살해당한 뒤에도 그들은 인간 취급을 받지 못했다. 50세를 갓 넘겨 일거리가 끊겨 노숙하던 중 폭력단 산하 모집책의 꼬임에 빠져 차로 실려 왔다. 평생을 노동자로 살아온 한 인간의 너무나 비참한 최후 앞에서 분노가 치밀었다.

살인혐의 전 사장은 범행을 부인

이 사건을 취재하면서 분통이 터지는 대목은 경찰이 살인사건에 대한 제보와 정보를 듣고도 수사에 나서지 않았다는 점이다.

"건설회사 사무실에서 사람이 살해된 것 같다"는 익명의 제보가 시체발견 3개월 전에 경찰에 접수됐다.

"캠프장에 상자 같은 걸 중기로 묻었다. 나중에 생각해보니 시체가 아닐까 해서……."

이런 정보도 2개월 전에 들어왔다. 특히 한 달 전에는 캠핑장에 시체가 묻혀 있다는 유인물이 시내에까지 나돌았다.(이상은 야마나시일일신문)

2003년 8월에 도산한 아사히건설은 건설업 인가를 얻지 않은 무허가 업체였다. 폭력배 모집책이 가마가사키나 산야, 우에노역에서 노숙노동자를 차에 태워 야마나시와 나가노의 한바에 들여보냈다. 5년 전부터 아사히 건설에 대한 임금체불 진정이 연간 100건 이상 노동기준감독서에 접수됐다. 이처럼 악명 높은 업자가 도로공단, 국토교통성, 도쿄도 등의 공공사업을 도급받은 뎃켄(鐵建)건설, 오쿠무라구미(奧村組), 다이세이(大成)건설, 도테쓰(東鉄)공업 등의 건설사 하청 공사장에 노동자를 공급했다.

임금체불뿐만이 아니다. 노무자합숙소 실화 사건으로 노동자들에게 중경상을 입히고 또 마음에 들지 않는 노동자는 로프로 묶어 숨지게 한 뒤 쓰레기처럼 버리기까지 했다.

2004년 4월 23일 오후 1시30분. 고후(甲府)역과 가까운 고후 지법 앞에 30여 명이 줄지어 서 있다. 같은 재판의 방청객들이지만 서로 안면은 없다. 비통한 침묵이 흐르는 이유는 흉악범죄 혐의를 받는 피고들의 가족들이 모였기 때문이다.

피해자는 오랫동안 고향에서 떨어져 있었다. 그래서인지 가족은 없었다. 이날 법정에는 횡령, 상해치사, 체포감금, 살인 혐의로 기소된 아사히건설 A(54) 전 사장과 같은 노무자 합숙소에 살던 G(47)씨가 살인과 체포감금 혐의, 살인에는 관여하지 않아 체포감금 혐의만 적용된 T(34), K(32), Y(54)씨 등 3명, 그리고 횡령과 체포감금 혐의의 U(50)씨 등 모두 6명이 구치소에서 끌려나와 있었다. 또 다른 살인 용의자인 전 폭력단 조장은 2002년 9월에 병사(당시 51세)했기 때문에 없었다. 한 회사가 통째로 저지른 살인, 사체유기 사건인 것이다.

간수들에 에워싸여 입정한 피고들은 수갑과 허리 포승이 풀리고 재판관과 마주한 피고석에 4명, 사장과 또 한 사람은 변호인석 앞에 앉았다. 소규모 법정이었다. 두 명의 30대 피고는 어디서나 흔히 볼 수 있는 젊은이였다. 이 회사(노무자합숙소)에 들어오지 않았다면 이런 사건에 휘말리지 않았을 것이다.

가와시마 도시오 재판장은 막 교대를 한 듯했다. 인정심문, 갱신수속에 이어 검사가 기소장을 낭독하고 공소사실을 확인했다. 변호인석 앞에 앉은 전 사장 A 피고는 흰 잠바를 입고 흰머리가 듬성듬성한 짧은 머리에 눈을 껌뻑이며 아래를 내려다보고 있다. 먼저 재판장은 2000년 5월 노동자 2명을 살해한 혐의의 인정여부를 물었다.

"이날 캠핑장에 간 적이 없습니다. 체포, 감금한 적도, 살인 사실도, 그것을 지시한 일도 없습니다."

A 전 사장은 차분한 목소리로 전면 부인했다. 1월 하순 첫 공판 때도 그는 노동자에게 지급된 산재보험금을 횡령한 사실은 인정했지만 1997년 3월 술에 취해 난동을 부린 노동자를 구타해 사망케 한 상해치사사건은 부인했다. 폭행한 사실은 인정했지만 이틀 뒤에 일어난 사망사건과는 인과관계가 없다며 무죄를 주장했다.

A 전 사장이 부인하자 가와시마 재판장은 남은 피고 5명에게 인정여부를 물었다. 각 피고 모두 순순히 "틀림없다"고 인정하고 각각의 변호인도 동의했다. 그 뒤 검사의 모두 진술이 시작됐다.

이에 따르면 2000년 5월에 살해된 아이치현 출신의 다가 가쓰요시 씨와 후쿠오카현 출신의 요코타 다이사쿠 씨는 아사히건설이 관리하던 아사히강 캠핑장에서 식사를 한 뒤 17km 정도 떨어진 같은 회사 한 바로 돌아오던 중 승용차와 접촉사고를 일으켰다. 차에 회사 이름이 적혀 있었기 때문에 항의하는 전화가 걸려왔다. 그 소식을 들은 A 전 사장은 "회사가 영업정지를 받으면 어떻게 하느냐?"고 화를 내며 다짜고짜 두 사람에게 주먹을 휘둘렀다. 구타를 당한 피해자가 화가 난 나머지 반격을 시도하자 폭력단 간부들이 덮쳐 로프로 포박했다. 그 후 차에 실려 캠핑장으로 옮겨졌다.

피고들은 목을 졸라 두 사람을 살해한 다음날 토목작업용 유압 쇼벨을 빌려 구덩이를 판 뒤 시체를 파묻었다. 묻는 김에 3년 전 구타, 살해한 뒤 비닐시트로 덮어둔 신원불명의 시체도 함께 묻었다. 그래서 시체 3구가 동시에 발견된 것이다.

검사의 기소장에 따르면 유압 쇼벨로 시체를 암매장한 K 피고는 "A 전 사장이 '그때 인부를 죽인 것은 야마모토(사망한 전 조장. 가명)니까. 야마모토는 죽어버렸으니 야마모토가 모두 덮어쓸 수밖에 없군. 그 수밖에 없어. 나는 관계가 없으니까. 그렇지 자네?' 라고 입을 맞추도록 요구했다"고 진술했다.

죽음을 부른 체불임금 지급 요구

모두진술 후 재차 피고인들에게 인정을 요구하자 다른 피고들은 모두 동의를 했는데 A 전 사장만이 부인을 했다. 그래서 분리재판을 하게 됐다. 개정 45분 만에 사장이 퇴정하자 기다렸다는 듯 5명이 자리를 떴다. 가족인 것 같았다.

지금부터 재판의 초점은 전면 부인한 A 전 사장이 어느 정도 살인에 관여했는지를 입증하는 것이 된다. 다른 피고는 기소사실을 모두 인정해 정상참작이 되기를 바라는 전술일 것이다. 검사는 나머지 피고의 진술에 근거해 사장을 추궁하고 시간이 지나면 이 합숙소에서 일어난 비참한 살인사건은 일단락되어 잊힐 것이다.

그러나 검사의 모두진술 추궁에서 빠진 사실이 있다. 야마나시일일신문(2004년 2월 6일자)에 보도된 것이지만, 차 사고를 내고 달아나 합숙소로 돌아온 다가 씨와 요코타 씨가 아사히건설 사무실에서 린치를 당할 때 체불임금을 지급하라고 되받았다. 그래서 화가 머리끝까지 난 A 전 사장 등이 심하게 폭행했다는 것. 노동자의 권리인 체불임금 요구가 이 회사에서는 죽음을 부르는 금기였던 것이다. 그것은 본보기

제재의 의미이기도 했다. 같은 신문 2003년 10월 12일자 지면에는 도쿠시마현에 사는 우에노 아키오 씨 큰딸의 증언이 실려 있다.

아빠한테서 "살려 달라. 죽겠다"는 전화가 몇 번이나 걸려온 뒤 얼마 되지 않아 아사히건설로부터 "죽었다"는 통보가 왔다는 것이다. 병원으로 달려가자 우에노 씨의 얼굴에는 상처가 있었고 정수리에서 턱에 걸쳐 붕대가 감겨 있었다고 한다.

실업자와 노숙자를 노무자 합숙소에 데려가 폭력으로 지배하고 임금도 지급하지 않으며 저항하면 살해하는 회사는 노동자의 적이다. 일방적으로 구조조정을 실시해 대량의 실업자를 만들어내고도 태연한 기업, 실업대책에 힘을 쏟지 않고 매년 3만 건 이상의 자살을 방치하는 정부, 불법 노무자 모집을 묵인하는 노동기준감독서와 경찰. 이들의 죄는 누가 심판할 것인가?

야마나시현 쓰루시. 산지 사이를 흐르는 강을 따라 작은 마을을 피한 듯 한바는 삼나무 숲을 배경으로 한 채 서 있다. 노동자가 3명이나 살해된 건물로는 어처구니없을 정도로 밝은 느낌이었다. 합숙소는 길 위에 있어 전체 모습을 볼 수는 없었다. 그러나 예상했던 빈약한 조립식건물이나 처마 끝에 빨아 넌 작업복이 쓸쓸히 매달린 모습은 찾아볼 수 없었다. 사무실풍의 건물도 배치된, 꽤 아담한 기숙사풍 2층 건물이었다. 특히 깨끗한 벽 위에 '회의실'이라고 크게 쓰여 있는 곳은 과거 '오락실'로 불리던 곳으로, 필리핀 여성을 고용해 누드쇼도 벌였다 한다.

자위대 출신의 전 사장은 '물' 장사와 '사람' 장사를 병행해 매출을 올렸다. 멀리 오사카의 가마가사키와 도쿄 우에노역에서 온 노숙노동자들은 강이 내려다보이는 고지대 숙사에 도착해 유흥시설까지 갖춰진 것을 보고 조금 사치스런 기분이 되었을지도 모르겠다. 그런데 이곳은 임금체불이 일상화돼 있을 뿐만 아니라 먹고 마시게 해 빚을 지게 만들었다. '탄광 강제노동'의 전통을 이어받은 '문어방'이었던 것이다. 이곳에서 적어도 3명의 노동자가 죽음에 이르는 린치를 당했다. 그 성난 고함소리는 주점의 교성에 묻혀버린 것일까.

아사히건설은 도산했다. 한 달에 대략 3천만 엔씩 노동자들에게서 뜯어낸 돈은 어디로 갔는지 해명되지 않고 있다. 일부는 폭력단에 흘러들러간 것이 틀림없다. 건물은 지금도 사용되는 것 같고 회사이름으로 쓰이는 '공급'을 의미하는 영어단어가 가타카나로 쓰여 있다. 부품이 아닌 '인간 공급' 회사였던 것이다.

노동기준감독서는 누구의 편인가

쓰루 노동기준감독서 가자마 마사루 제1과장에 의하면 '아사히건설'의 건물은 방 하나에 다다미 6장씩으로 90명을 수용할 수 있고, 신축이라 쾌적하다고 한다. 2차 하청을 받았던 대형 건설회사가 어느 대기업인지 묻자 "그건 말할 수 없다"고 입을 닫았다. 도산한 '아사히건설'의 전 간부가 인수한 회사는 현재 5~6명이 남아서 파견 사업을 계속하고 있다.

한바 측은 노동자들이 하루 일을 마치고 돌아오면 일당 일부를 용돈으로 지급하는 옛 관례에 따라 1천 엔씩을 지급하고 기숙사비, 식대로 2천 500엔은 일급에서 공제했다. 나머지 임금은 "기숙사에 두면 도난당한다"는 이유로 저금을 시켰다. 그러나 채무와 상쇄하거나 강제

로 저금시키는 행위는 명백한 노동기준법 위반이다. 게다가 저금통장
조차 만들지 않았다. 노동자의 이름이 가명이고 주소불명이기 때문이
라고 사장은 변명하고 있다.

노동기준감독서에 임금체불 호소도 들어왔지만 마지막 달만 체불
됐다는 사장의 변명이 그대로 인정됐다. 불평하는 사람은 아무도 없었
다고 과장은 몇 번이나 되풀이해서 강조했다.

"도산한 시점에 기숙사에 갔지만 아무도 불만을 말하지 않았습니
다. 사장이 소리를 지르는 일은 있어도 심한 짓은 하지 않았던 것 같아
요."

임금체불과 강제저금, 임금 떼먹기, 게다가 채무와 상쇄하는 행위
는 모두 노동기준법 위반이다. 임금을 달라고 하면 주먹이 날아왔다.
보통 기업에서는 있을 수 없는 일이 폭력 한바에서는 일상이었다. 이
것이 '법의 이중 잣대' 아니냐고 재차 따졌다.

"확실히 그렇습니다만 어떻게 해야 할지 모르겠습니다"라고 과장
은 답했다.

노동기준감독서의 엉거주춤한 태도에 비판적이긴 해도 임금삭감
과 임금체불이 횡행하는 세상을 모르는 것은 아니다. 하지만 아무리
그래도 뼁땅도 모자라 임금을 체불해 제 잇속을 차리고 폭력으로 노동
자를 지배하는 경영자를 벌하지 못하는 이 법치국가의 꼬락서니에 분
노가 치밀었다.

대체 얼마만큼의 체불임금이 있었는지 물어도 과장은 잘 모른다고
말할 뿐이다. 체불임금 처리는 모두 '노동복지사업단' 의 관할로 넘어
갔다. 4천여 명의 임금대장은 검찰청이 압수했고, 노동기준감독서는
"너무 나서지 마라"고 제지당했다 한다. 검찰 측이 신경을 쓰는 것은

노동자의 처우가 아니다. 형사사건에서 승소하는 일뿐인 것이다.

우에노역은 모집책들의 광활한 사냥터

게이세이선 우에노역 앞. 흰색 왜건 차량 한 대가 가만히 서 있다. '사이고 다카모리' 동상으로 올라가는 돌계단 옆에 튀는 모습의 중년 남자 두서넛이 서서 날카로운 눈빛으로 행인들을 바라보고 있다. 인부 모집책이다. 노동자 3명이 차 안에서 기다리고 있다. 4~5명이 되면 어딘가에 있는 노무자 합숙소를 향해 출발할 터이지만 악명 높은 모집책인지 좀처럼 먹잇감은 걸려들지 않는다.

심한 경우는 실려 간 곳에서 운임으로 '2만 5천 엔' 짜리 영수증을 쓰게 한다. 이 돈에 이자를 붙이는 불법 사채 상태에서 약속했던 일감은 얻지 못한 채 빚만 늘어간다고 한다.

우에노역은 모집책들의 광대한 사냥터다. 산야 노동센터에서 일거리를 찾지 못한 사람과 노숙노동자, 텐트생활자들이 차에 태워진다. 아사히건설도 야마나시와 나가노 등에 개설한 몇 곳의 한바로 보낼 노동자를 이 공원에서 조달해왔다.

정부와 기업체가 일체가 된 '규제완화' 라는 이름의 '개혁' 과 고용 파괴는 '노숙과 노무자합숙소' 라는 관계를 확대재생산해왔다. 직장을 얻지 못한 거대한 프리터군이 사원을 회사 밖으로 내쫓고 무법천지의 합숙소 거주민을 만들어냈다. 구조조정은 노숙자를 증가시키고 노숙자는 폭력 합숙소의 먹잇감이 되는 악순환이 심화된다.

우에노공원에 있는 국립과학박물관 앞 광장에서 나는 아사히건설의 피해자 3명을 포함한 6명의 텐트 생활자와 좌담회를 열었다. 스미다 강변에 사는 이들이다. 이 가운데 한 분은 전에도 한 번 만난 적이 있는 '형틀공'이다. 그는 전문기술을 갖고 있기 때문에 하청업자들 사이에 지명도가 있어 아사히건설도 대우했던 것 같다. "임금을 내놓으라"고 요구하면 "언제부터 그렇게 겠느냐?"고 트집을 잡으면서도 결국 돈을 지급했다고 한다.

사장이 다른 노동자에게 "급료를 지불하지 않겠다"고 호언하는 것을 직접 들었다. 하지만 야쿠자가 직접 지배하는 합숙소나 옛날 '문어방'처럼 폭력으로 노동현장에 보내는 짓은 하지 않았다고 한다. 일하고 싶어서 온 사람들이니까 강제할 필요는 없었을 것이다.

쓰루 노동기준감독서 과장은 '수용능력은 90명'이라고 했지만 32실에 최고 120명이 거주했던 적도 있다. 일용노동자 지원단체인 산야쟁의단의 나카무라 미쓰오 씨는 1개월에 3천만 엔 정도의 수익을 올렸을 거라고 계산했다. 완전 도둑놈심보다. 그런데 노동자의 고혈을 짜낸 돈이 어디로 사라졌는지는 수수께끼다. 살인사건 재판에서 그 문제까지 추궁할 수 있을까.

그들이 일했던 현장의 도급은 앞서 언급했듯이 도로공단→오바야시구미(大林組), 도쿄도→가지마(鹿島), 도다(戶田)건설, JR도카이(東海)→메이코(名工)건설, 방위청→아오키(靑木)건설, JR히가시니혼(東日本)→뎃켄건설 등의 관계로 되어 있다. '아사히건설' 한바는 이들 공공공사와 대형공사 구석구석에 노동자를 공급하고 임금을 체불했다.

한바에서 도망쳐 나와 산야까지 일주일을 걸어온 60세 노동자가 있었다. 그나마 일이 주어진다면 좋았다고 한다.

"'아사히건설'이 체불한다는 사실은 알지만 겨울을 거리에서 보낼 것을 생각하면 그만 (차에) 타버립니다."

그는 동의를 구하는 듯한 표정을 지었다. 얼어 죽지 않으려는 '긴급 피난'인 셈이다. 그래서 과거 기타큐슈시에 있었던 폭력적인 '노동하숙' 경영자는 "우리는 정부가 하지 못하는 일을 하기 때문에 비난할 수 없다"고 큰소리를 쳤던 것이다. 정부의 의식적인 무대책이 흡혈귀 업자를 온존시키고 있다.

산야 쟁의단은 '임금을 받지 못한 사람은 체념하지 말고 알려주세요'라고 호소하는 유인물을 배포하고 있다.

지금까지 우리는 많은 '피해자'를 만났습니다. 수도권만 해도 9명의 임금을 정산했습니다.(2003년 5월 현재 50명이 청구 중) 분명 아사히건설은 도산했지만 그 원청업체에 임금을 청구할 수 있습니다.(건설업법 및 건설노동자법) 뎃켄건설, 오쿠무라구미, 메이코건설, 도테쓰공업 등의 건설회사와 야마토(大和)개발, 히트공업, 미야와키(宮脇)건설, 하구로(羽黑)공업 등 중간 하청업자와 단체교섭을 거듭해 당연한 임금을 당연하게 지불받았습니다.

'임금청구의 시효는 2년'(노동기준법)이지만 '당사자 간에 협의해 스스로 해결'하는 방법이 남아 있습니다. "일했던 게 4년 전.이라……" 하며 어찌할 바를 모르던 동료도 어제 정산을 받았습니다.

권리를 포기한 채 베갯잇을 적시는 일 따윈 하지 않는다. 이것이 노동운동의 정신이다. 삥땅, 미불, 강제저금, 채무상쇄 혹은 채무구금노동. 이것들은 가마가사키나 산야, 우에노 등에서 죽음과 등을 맞대고 생활하는 일용노동자들만의 운명이 아니다. 프리터, 아르바이트, 파트타임 등 불안정한 시급 노동자에 공통되는 문제다. 그뿐 아니라 과로사나 과로자살로 내몰린 대기업 사원과도 통하는 문제다. 지금 일본은 거대한 '문어방'으로 변하고 있다.

고후 지법은 분리재판에서 살인혐의 사원에게 살인죄로 징역 9년, 체포감금 4명에게는 징역 1~3년(집행유예 3~5년)의 판결을 내렸다. 살인과 상해치사를 부인한 전 사장의 재판은 계속되고 있다.

2장

기업 프렌들리의 그늘

국철 민영화,
민주주의
후퇴 신호탄

4~5년 전까지 도쿄 JR신바시(新橋)역에서 하마마쓰초(浜松町)로 향하는 선로의 바다 쪽은 수도고속도로에 끼여 약간 뒤틀린 삼각형 모양의 휑뎅그렁한 공터였다.

고속철도 신칸센 창밖으로 내려다보이는 이 거대한 부지는 과거 국유철도 화차전용 역 터로 도쿄의 복부로 밀려드는 인입 선로를 통해 전국에서 온 화차의 장사진을 탐욕스럽게 빨아들였다. 사과와 밀감, 배 등의 과일류, 배추와 무와 같은 야채류, 윤전기에 들어가는 원통형 신문용지, 공장에서 사용되는 철제 부품, 고향 역에서 보낸 수하물 등이 긴 플랫폼에 산더미처럼 쌓여 있었다. 항구에서 온 생선은 화차 통째로 인근 쓰키지 시장으로 보내고, 살아있는 소와 돼지 등을 실은 화차는 시나가와(品川)역 뒤 도살장으로 들어갔다.

도쿄의 부엌으로서 엄청난 수의 화차를 수용했던 광대한 적재장(21.6ha, 약 6만 5천 평)이 '도심 최후의 초일급지'로 손꼽히고 대형 부동산업계와 건설사, 그들과 커넥션이 있는 정치가들이 군침을 흘리며 눈독들이게 된 것은 지가대폭등이 시작된 버블(거품)경제 때였다.

그 무렵 미나토구, 주오구, 지요타구는 '황금의 삼각지대'로 일컬어졌다. 홀로 사는 노인을 살해해서 손바닥만 한 땅을 빼앗는 사건이 발생하기도 하고, 매도를 거부하는 집을 덤프차가 들이받기도 했다. '부지 매집'이 유행어로 회자되고 억지 매수로 도심지 땅은 벌레가 야금야금 먹은 듯한 상태가 됐다. 심지어 농지를 매수하는 인클로저 방식까지 도심 토지 확보에 동원됐다. 수많은 취재 현장에서 대기업의 폭력적인 농촌 개발수법을 봐온 나로서도 상상하기 힘든 일이었다.

1981년 3월 행정개혁에 대한 총리 자문기구인 제2차 임시행정조사회(임조)가 발족했다. 국채 누적잔고가 92조 엔으로 파국적 재정위기에 봉착했다면서 '국가적 대합리화'를 추진한다고 선전했다. 도코 도시오(土光敏夫) 임조 회장이 말린 정어리를 먹는 사진이 주간지 그라비아를 장식하면서 청렴한 모습이 연출되기도 했다. '미스터 합리화'로 불린 전 게이단렌 회장 주도의 재정 재건은 공평한 '행정개혁'이 실행될 듯한 기대감을 만들기도 했다.

그런데 합리화의 핵심은 국철을 개혁한다는 명목의 분할 민영화였다. 민영화를 해야만 국가 빚이 줄어들고 국철의 적자도 없앨 수 있다고 주장했지만 정작 민영화를 하고 난 뒤인 2003년 말에는 국채 발행잔고(예상)가 450조 엔으로 약 5배나 늘었다.

무엇을 위한 행정개혁이었나. 분할민영화를 실시했을 때 국철의 차입금은 25조 5천억 엔이었지만 지금은 27조 2천억 엔으로 불어나고 11조 8천억 엔의 자산은 되레 2조 7천억 엔으로 줄었다. 즉, 국민의 입장에서 보면 주요 자산을 거의 팔고도 되레 1인당 빚은 늘어난 꼴이다. 왜냐면 땅값이 가장 비쌀 때 팔지 않고 떨어지길 기다려 팔았기 때문이다. 금리 부담이 눈덩이처럼 불어난 것은 당연한 이치다.

국민이 부담할 부채는 늘었지만 대기업은 가격이 떨어지는 것을 기다려 부지를 손에 넣을 수 있어 감지덕지였다. 처음부터 나카소네 야스히로 총리의 국철분할 민영화는 '민간활력(민활)' 욕망의 실현이었기 때문이다.

보일 듯 말 듯한 나카소네 전 총리 인맥

도쿄 회장을 필두로 한 재계가 정부 다음가는 땅부자라고 회자되던 국철을 민영화한 것은 대도시에서는 투자할 만한 토지가 바닥났기 때문이기도 했다. 역과 인접해 있기 때문에 당연히 교통이 좋은 국철 소유지를 불하하는 김에 국철을 주식회사로 전환하고 그 주식을 팔아 돈을 버는 일석이조를 노린 것이다.

1982년 당시 미쓰즈카 히로시(三塚博) 국회의원은 국철 상무이사에게 "국철 자산을 전부 처분하면 어느 정도나 되느냐?"며 국철을 얕보는 듯한 노골적인 질문을 던졌다. 답변은 "대략 70조 엔"이었다.(졸저 『국철처분』 참조) 국민의 재산인 국철이 채무의 세 배나 되는 자산을 가진 채 해산되고 새로운 회사가 된 것은 정치적 음모가 아니고 무엇인가.

국철재건감리위원회가 발족한 것은 1983년 6월. 위원장직에는 엄격한 노무관리로 잘 알려진 스미토모 전기공업의 가메이 마사오 회장이 취임했다. 그는 위원인 요시세 시게야 전 대장성 사무차관과 함께 나카소네 전 총리와 관계가 깊다. 또 요시세 위원은 나카소네 '민간활력'의 사적 자문기관인 '경제정책연구회' 회원으로, 그 뒤 스미토모 자본 단체 '트러스트60'의 회장으로, 또 '레일마이시티 시오도메기획' 사장으로도 취임했다.

가토 히로시 게이오의숙대학 교수와 스미다 쇼지 전 운수사무차관은 '임조'에서 분할민영화의 결론을 내린 장본인이다. 스미다 씨는 철강, 시멘트, 건설, 전력 등 재계를 망라한 국토개발을 노리는 'JAPIC(일본프로젝트산업협의회)'의 참여(參与)*였다.

재건감리위원회는 나카소네 전 총리를 참모로

---
* 학식과 경험이 있는 이에게 부여하는 직명. 고문과 유사.

하고, 정부 밖의 정부인 '임조'에 군림하는 전 육군참모 세지마 류조 의원 아래 국철해체를 지령하는 밀실본부가 됐다. 이 참모본부에 충성을 맹세한 이들이 이데 마사타카, 가사이 요시유키, 마쓰다 마사다케 등 이른바 국철 내 '개혁파' 3인조였다. 나중에 말하겠지만 이 세 사람은 각각 분할 민영화된 JR니시니혼, JR도카이(도카이도 신칸센 소유), JR히가시니혼 등 '황금알 거위'의 회사 사장으로 취임했다.

일장공성만골고(一將功成万骨枯). 장군이 공을 세우면 그 그늘에 살이 썩어 뼈만 남는 이가 헤아릴 수가 없게 된다더니, 너무나 노골적인 논공행상이었다.

국철이 분할 민영화되어 JR로 된 것이 1987년 4월이었다. 청산사업단에 남아 있던 시오도메 화물역 터를 필두로 도쿄역 앞 마루노우치 국철 본사, 야에스 북쪽 출구, 시나가와 신칸센 차량기지, 신주쿠 화물기지(남쪽 출구) 그리고 사이타마 신도심이 된 오미야 조차장은 초고층 빌딩가로 변모했다.

일급지에 자리 잡은 거대 언론사들

분할 민영화 때 국철의 매각 가능 용지는 3천 300ha로 산정가격은 7조 7천억 엔이었다. 시오도메(21.6ha)만으로도 2조 4천억 엔이었다. 하지만 이조차 평당 1억 엔이던 1990년 시세에 비하면 반 이하의 낮은 가격이었다. 민영화 개막과 함께 시오도메를 누가 얼마에 매수할지 쟁탈전이 시작될 참이었다. 그 무렵 항간의 소문은, 마루노우치는 미쓰비시, 야에스는 미쓰이, 시오도메는 스미토모가 차지한다는 시나리오였다.

하지만 전술한 것처럼 정부는 버블을 키울 우려가 있다며 매각을 '동결' 했다. 얼마 가지 않아 버블이 붕괴되고 민영화된 뒤 10년이 지난 1997년 2월 드디어 매각이 결정됐다. 가격은 당초 예상의 3분의 1. 토지가 묶여 있던 동안의 이자부담은 국민 한 사람 한 사람에 떠넘겨졌다.

매각 초기에 덴쓰(電通)*, 미쓰이부동산 · 마쓰 *세계 최대 규모 광고대리점. 시타전공, 일본TV · 가지마시오도메개발, 미쓰비시 지소 등에 적용된 방법은 '건유(建誘)' 라는 매각방식이었다. 이것은 일반 입찰이 아닌 유도방식이라고 할 수 있는데, 건물 계획을 제한하고 그 조건으로 입찰에 부쳐 출자회사에 건설을 하게 하는 것이다.

그 후에 주택도시정비공단, 스미토모생명, 도시공단은 수의계약이 이뤄졌고 공개경쟁입찰은 교도통신사뿐이었다. 분할민영화를 둘러싼 국회의 논의에서 미쓰즈카 히로시 운수장관은 "경쟁 입찰로 하겠다" 고 큰소리쳤지만 10년이 지나버려 공수표가 됐다.

또 이들 토지의 용적률은 500%에서 1천 200%로 상향되어 높이 200m나 되는 초고층 빌딩 건설이 가능해졌다. 이미 신 교통시스템 '유리카모메'*가 개통되고 도영 지하철 오에도선, *도쿄 도심과 오다이바를 잇는 수도고속환상 2호선 접근도로와 인프라도 정비됐 경전철의 애칭. 다. 구석구석 공을 들여 이용가치가 높아졌다.

긴자에 인접한 도심인데다 택지이기도 하다. 둘도 없는 좋은 조건인데 매수 · 해체 비용도 전혀 들지 않는다. 그걸 감안하면 파격적인 가격이다. 그 몫을 도쿄도민과 국민에게 떠넘긴 것이다. 지가폭등을 막기 위한 매매동결 등은 관 주도의 담합 카르텔 행위이기도 하고, 부지 매입을 노리던 대자본을 위한 시혜이기도 했다.

거대한 공터였던 시오도메 지구에서 공사가 시작된 것은 1999년에 들어선 뒤다. 지금 보니 JR신바시역 바로 앞은 선로를 덮칠 듯한 40층 이상의 화려한 고층 빌딩이 숲을 이루고 있다. 나는 예전에 끝없이 펼쳐진 드넓은 들판을 거닌 적이 있지만 지금 새삼스럽게 분노가 치민다.

시오도메 구 국철용지

도쿄 JR신바시역 앞. 이곳은 신교통시스템 유리카모메의 시발역이기도 하다. 운전사가 없는 무인차량이 도쿄만 매립지 '임해부도심' 의 고층 빌딩 사이를 떠다닌다. 유리카모메역 계단을 올라가면 고가 플랫폼이 나온다. 계단 아래에서 사카이 도시오(酒井俊男, 56) 씨를 만났다. 사카이 씨는 국철 시오도메역에서 일했지만 국철이 분할 민영화되기 보름 전인 1987년 3월 JR쓰루미역으로 인사이동되고 화물계에서 역무계로 바뀌었다.

점퍼 차림의 사카이 씨 뒤를 따라 역 계단을 올랐다. 거기서 과거의 '시오도메' 로 들어간다. 건물 문을 열고 에스컬레이터로 지하에 내려간다. 나는 조끼 주머니에서 회중시계를 꺼내 시간을 확인하고는 서둘렀다. '이상한 나라의 엘리스' 의 토끼를 쫓는 기분이 되어 있었다.

사카이 씨는 "전에 한 번 보러 온 적이 있다"고 했지만 시오도메의 변모에 기억이 잘 나지 않는 듯했다.

"옛 모습이 전혀 없어요."

그는 고개를 갸우뚱했다. 넓은 지하도로 나갔다. 빌딩의 지하도에서 에도시대 가옥의 옛 모습이 유리창 옆으로 보이기도 한다. 기묘한 공간이다.

"지하뿐이구나."

사카이 씨는 옛날 지상에서 일할 때는 설마 발밑을 걷게 되리라고 상상조차 하지 못했다. 지상으로 나가자 눈앞에 19세기 영국풍 목골석조의 2층 건물이 나타났다. 현관 주차 공간 앞은 높은 돌계단이다. 좌우대칭의 높은 창문에 각각 산 모양의 차양이 부착되어 있다.

철도 창가 「기적 일성 신바시를」로 널리 알려진 '신바시역'이 복원된 것이다. 1872년 9월 요코하마행 철도가 일본에서 처음 개통된 기념할 만한 역사다. 개업 당시 역장은 해군장관 예복 같은 금장 띠의 제복을 입고 어깨로 바람을 가르며 역 구내를 활보했다. 창업 당시 기관사, 화부 등은 외국인을 고용했다. 문명개화를 상징하는 이 우아한 건물도 관동대지진으로 소실돼 플랫폼과 금속제 '제로 마일' 표지만 남았다.

폐허에 흙을 돋워 화차역과 사무소를 짓고 대체용 선로를 놓았다. 1971년도에 취급한 양은 하루 평균 8천 500t, 수하물은 6만 4천 개나 됐다. 국철 노동자 800명과 일본통운 등 관련 노동자 2천 100명이 주야불문으로 일했다.

사카이 씨가 일을 시작한 1975년께부터 컨테이너 취급량이 증가했다. 증기기관차에 끌려온 장대한 컨테이너차가 이웃의 하마마쓰초에서 디젤기관차로 바뀌고 10량씩 적재장으로 끌려 들어왔다. 드나드는 화차의 긴 행렬을 2층 창문에서 볼 수 있었다. 귤을 가득 채운 화차가 홈에 들어오면 일대에 귤 냄새가 풍겼다.

사카이 씨는 1개월간 나고야 철도학교에 파견돼 PC관리 연수를 받았다. 컨테이너화와 컴퓨터화가 화물수송을 합리화하는 새로운 시스템이었다. 그런데 오이부두에 화물터미널이 신설돼 시오도메 취급량은 급감한 데다가 트럭 수송으로 대체된다고 한다.

거의 원형으로 발견된 에도시대 장군 저택 터

1987년 국철은 해체됐다. 조차장 정비를 위한 발굴공사가 시작되자 매몰돼 있던 부채꼴 기관고, 전차대, 그리고 '외국인 노동자' 관사와 신바시 정차장 등의 기초 부분이 속속 발견됐다. 발굴된 것은 그뿐만이 아니었다. 에도시대 장군 저택의 유구도 모습을 드러낸 것이다. 철도개업은 1872년. 에도 문화와 문명개화가 이 땅에서 겹쳐 있었던 것이다.

시오도메(汐留)는 원래 시오토메(潮止め), 즉 조수가 멈추는 곳으로 히비야, 마루노우치로 향하는 하구언이었다. 간에이(寬永, 1624~1644) 시대에 신바시 근처부터 매립을 시작해 하리마 다쓰노(播磨龍野)번의 와키사카가(脇坂家), 센다이(仙台)번의 다테가(伊達家), 아이즈(会津)번의 호시나가(保科家) 등 3대 다이묘(大名, 지방 영주)의 저택이 건설됐다. 저택은 다이묘 이하 가로(家老)*의 집무실인 반청(表, 오모테)과 일상 생활공간

* 가신 중 최고 직위.

(奧, 오쿠), 사무라이들의 숙소로서 성곽을 대신하는 연립주택(長屋, 나가야)을 겸한 시설이었다. 다실의 초석 등 유구도 거의 원형 그대로 발견됐다.

"시오도메의 3대 다이묘 저택은 고향이나 오사카 등에서 실어온 물자를 실은 번의 배와 관 회선이 에도 항구로 들어오면 화물선으로 바꿔 실어 직접 저택 안까지 운반해 오는 편의가 도모되었다."(역사가 야마구치 게이지)

이곳은 에도에서 도쿄로의 전환기를 보여주는 귀중한 유적이다. 근대의 출발을 상징하는 구 신바시역과 함께 복원, 보존하면 인기를

얻는 관광시설이 될 터이다. 이 두 유구 보존운동은 국철노조 시오도 메 분회 가미야마 아키히토 분회장(당시), 마에카와 유지 변호사 등이 시작했다.

가미야마(56) 씨와 도쿄역 구내에서 만났다. 저쪽에서 걸어오는 가 미야마 씨를 먼저 알아볼 수 있었다. 초면이었지만 왼쪽 어깨에 가방 을 메고 어깨를 흔들며 다가오는 인물이 헬멧의 턱 끈을 묶고 있을 때 의 씩씩함을 연상케 했다. 멀리서 봐도 과연 '국철맨'이라는 느낌이 었다.

가미야마 씨는 조차계 소속이었다. 화차 뒤에 벌레처럼 매달려 작 은 청기, 홍기를 흔드는 게 일이다. 붉은색은 정지, 푸른색은 진행. 화 차를 교체하는 선두기관사에 신호를 보낸다. 조차장에서 흔한 열차의 연결 편성 작업이다. 시오도메에서 그 작업 중에 화차에서 떨어져 숨 진 동료도 있다.

국철해체로 시작된 민주주의 후퇴

나카소네 총리 등장 전부터 국철의 어두운 면, 예컨대 허위수당을 비판하는 캠페인이 시작됐다. 다나카 가쿠에이 전 총리의 비호를 받아 서 '다나카소네 내각'이라는 야유를 받으며 1982년 11월 출범한 나카 소네 내각은 한편으로 전후 정치 총결산을 표방하며 일본 열도의 '불 침항모(不沈航母)'화, '헌법개정' 구상, '야스쿠니 참배' 등을 내세워 고이즈미 매파 내각의 등장을 예고하고 있었다.

다른 한편 '행정개혁'과 '민간활력'은 재계가 주도한 정책이었는 데 이때 이미 시오도메를 노리고 있음이 분명하다. '민간활력' 정책의 핵심인 국철 해체가 드디어 1987년 4월에 단행됐다. 이즈음 나카소네 총리가 주장한 '국제금융도시' '수도개조' '21세기 도시' 등을 타이틀로 한 책들이 서점에서 눈에 띄기 시작했다.

가미야마 씨 등 노조 분회 집행부는 '인재활용센터'로 보내졌다. 말이 '인재'지 시베리아로 유배를 보내는 러시아 정치범처럼 일이 없는 직장으로 유형을 가는 것이었다. 청산사업단은 그 뒤 그에게 '오시미즈'라는 이름의 음료수 판매 일을 맡겼다.

화차 꼬리에 매달려 일하고 있을 때 화차가 오가는 넓은 조차장 하늘에 실루엣을 띄우고 있었던 것은 하마마쓰초 무역센터 빌딩, 약간 멀리 있는 가스미가세키 빌딩 두 채뿐이었다. 그런데 지금 시오도메에는 초고층 빌딩이 촘촘히 솟아 있고 사무실 면적이 연 118만 평방미터나 돼 도심 빌딩 과잉공급의 원흉이 되어 있다.

"노동운동뿐 아니라 시민운동도 억지 재개발을 멈출 수 없었습니다."

가미야마 씨는 힘없는 어조로 말했다. 원래 시오도메는 시민의 출입이 없는 곳이었기 때문에 시민에게 호소해도 주목을 받지 못했다. 게다가 상대는 국철을 밟아 뭉갤 정도로 강권이었다.

가미야마 씨 등의 보존운동 덕에 예복을 입은 대관과 의장병에 둘러싸인 모습의 풍속화가 그려진 신바시 정차장의 역사가 겨우 재현됐다. 그런데 박물관으로 충실해야 할 터인데도 매점이나 식당만 눈에 띌 뿐 전시실은 겉치레뿐이다. JR히가시니혼의 관심은 장사뿐이지 문화 보존 같은 것은 안중에 없다는 걸 알 수 있다.

일본의 역사적인 전환기를 보여주는 에도 유구와 철도 유구가 집중해서 나타난 귀중한 시오도메를 뭉개버린 것은 열한 채의 초고층 빌딩이다. 그 부지는 국철 해체 당시 지가의 3분의 1로 팔렸다. 전체 매각액은 5천 600억 엔. 더 비싸게 팔았다면 전체 부지를 대기업에 명도하지 않고도 두 개의 유구를 이용한 거리를 재현하고, 독특한 역사시설을 만들 수 있었다. 그것은 디즈니랜드나 하우스텐보스보다 훨씬 더 문화적이었을 것이다.

'시오도메역 터의 민주적 이용을 요구하는 모임' 의 마에카와 유지 변호사는 이렇게 설명했다.

"결국 불하처럼 되어버렸습니다. 정계, 재계, 관계가 한통속이 되어 만든 각본 그대로였습니다."

"왜 가격이 높을 때 팔지 않았습니까. 국철 부지는 국민의 재산입니다."

의문을 제기하자 재산을 관리하던 국철청산사업본부는 다음과 같은 답변을 내놓았다.

"긴급 토지대체요강이 각의에서 결정되어 팔지 못하게 되었습니다. 광대한 토지이기 때문에 국가와 도쿄도의 정책 가운데 어떻게 이용하면 좋은지 검토를 거듭하는 데 시간이 걸렸습니다."

즉, 민영화된 다음에도 정부가 주도했고 당사자 능력은 전혀 없었다는 뜻이다.

권력자가 생각한 대로만 정치가 진행된다면 그것은 민주주의라 할 수 없다. 나카소네 총리 이래 고이즈미 총리까지 역대 총리에 '전후 민주주의 총결산' 노선이 계승되고, 드디어 자위대의 이라크 파병에까지 이르렀다.

매스컴의 선동으로 국민들까지 자신들의 이익으로 착각한 '국철개혁' 은 '민주주의 후퇴' 를 향한 출발점이었다. 국책인 '국철 처분' 을 매스컴은 비판하지 않고 일제히 '진행'의 푸른 기를 흔들었다. 덴쓰, 일본TV, 교도통신은 시오도메에 사옥을 지었다.

2003년 말 대법원은 국철 노조 조합원의 부당해고에 대해 구제명령을 낸 중앙노동위원회의 결정을 취소하는 판결을 내렸다.

국철 해고노동자 1천 47명 18년째 투쟁

지하철 가스미가세키역에서 히비야(日比谷)공원 남단으로 빠져나오니 초록이 짙어진 수목 위로 고요히 황혼이 다가왔다. 비가 내릴 것 같은 기색이다. 으스스하게 춥다.

히비야 공회당이 가까워지자 같은 방향으로 잰걸음을 걷는 사람들의 흐름이 늘어났다. 그들에 합류해 삼킬 듯 크고 오래된 집회장의 낡은 돌계단을 오르면서 안보반대투쟁이 있었던 1960년 10월, 우익청년의 테러에 스러진 아사누마 이네지로 당시 사회당 위원장을 떠올렸다.

당시 현장에 있지는 않았지만 단상에서 연설하던 아사누마가 갑자기 뛰쳐나온 청년이 휘두른 칼에 찔려 거목처럼 쓰러지는 순간을 TV에서 몇 번이나 봤다. 그때가 전후 민주주의가 끝나는 순간이었는지도 모른다.

계단을 올라 로비에 들어서자 장내에서 참가자들이 뿜어내는 열기가 전해져왔다. 18년 전 JR이 발족할 때 해고된 노동자 1천 47명의 복직을 요구하는 운동에 나도 신문에 의견광고를 게재하거나 집회에도 관계해왔지만 여기 와서 이렇게 큰 흐름이 된 것을 보니 놀라움을 감출 수가 없다.

로비에서 낯익은 활동가가 담소하고 있는 것을 보고 "굉장하군요"라며 말을 걸었다.

"오지 않은 것은 국로(國勞, 국철노조) 본부뿐이에요."

그는 웃으며 대답했다.

'오지 않은 것은 군함 뿐'이라는 말은 1948년 8월 연극영화인들이 처우개선을 요구하며 벌인 '도호(東宝)쟁의' 때 미군 전차 7대, 기병 1개 중대, 군용기 3기, 무장경관 1천 800명이 동원되었던 상황을 말한다. 그걸 빗대어 말한 건데, 여하튼 국철노조 집행부에겐 불명예일 터이다.

나카소네 야스히로 전 총리가 국철용지 민간불하(민간활력)와 국철노조 와해를 겨냥해 강행한 국철의 분할 민영화에 맞서 국철노조는 전력을 다해 저항했다. 국철노조는 총평(總評)*의 중심 노조였기 때문에 자민당과 구 민사당에겐 눈엣가시 같은 존재였다. 국책으로 추진된 '국철분할, 민영화'에 저항한 국철노조는 집중 공격을 받았다. 국책에 반대하지 않은 동로(국철동력차노조) 조합원과 국철노조를 탈퇴한 이들은 해고되지 않았다.

* 일본 최대 전국 노조중앙조직 일본노동조합총평의회의 약칭.

당시 이 노골적인 차별 처우는 '국가적 부당노동행위'로 불렸다. 정부는 부당하고 불법적인 노조파괴를 강행했고, 노동법원이라 할 수 있는 '노동위원회'가 부당해고로 판단해도 법원은 그 불법을 추인해왔다. 이런 부당함이 여론화되지 않았던 것은 신문, TV, 대형잡지 등 모든 언론이 자민당과 재계의 욕망인 '국책'에 이의를 제기하지 않고 되레 추진캠페인을 펼쳤기 때문이다.

대량해고 공세로 고립무원인 상태에서 대량의 해고자를 안고 있던 국철노조 본부는 혼란 속에 정부에 굴복하게 되고, 조직 내 조직인 '쟁의단'을 버리고 조직보위로 전환하게 됐다. 2004년 4월 13일 히비야 공회당에서 열린 '4·13 국철투쟁 지원 대집회'는 국철쟁의단과 함께 해고된 전동로(전국철동력차노조), 동로 지바 등 갖가지 국철 내 노조가 처음으로 연대집회를 개최한 것이었다. 지원자들까지 집결해 3천 명이 모여 대성공이었다.

전국에서 150여 명이 자살로 내몰리다

회사가 비용 삭감의 희생을 노동자에게 떠넘기고 인권을 무시한 처사를 행해도 대수롭지 않게 된 것은 국철노조 파괴에 누구도 이의를 제기하지 않아 나쁜 선례가 만들어졌기 때문이다.

이날 집회는 당파와 노조의 벽을 넘은 공동행동을 전국적으로 펼치고 정부와 JR의 책임을 추궁하는 출발점이 됐다. 집회장이 가득 차 통로에 앉은 사람의 모습도 눈에 띄었다. 나는 집회 도중 홋카이도 루모이시에서 온 오타니 도모에(47) 씨의 이야기를 듣기로 했다. 밖으로 나오니 올 때보다 바람이 차가워져 있었다.

"왜 코트를 입고 오지 않으셨습니까?"

원피스 차림에 놀라 물었더니, 도쿄 일기예보를 보니 계속 맑음 표시가 나왔다며 쓴웃음을 지었다. 북쪽 해안에 있어 아직 눈에 갇혀 있는 거리에서 도쿄에 오면서 얇은 옷차림이 되는 것은 빨리 답답한 코트를 벗어던지고 싶다는 생각이 들었기 때문이리라. 눈이 많은 곳에서 자란 나는 그 기분을 잘 알고 있다.

남편인 오타니 히데타카(47) 씨는 루모이 투쟁단이 생산하는 폐유 비누와 가리비포, 건어물 등의 물품 판매와 노조 조직 활동 때문에 도쿄에 홀로 주재하고 있다. 때문에 그녀에게 이번 집회는 남편과 재회하는 여행이기도 했다.

도모에 씨는 국철 투쟁단의 생활을 그린 다큐멘터리 영화 「사람답

게 살자」(2001년 비디오프레스 기획제작)에 등장했을 때보다 야위어 보였다. 병 때문이었다고 한다. 해고된 본인은 물론이겠지만 17년간 아내와 아이들이 겪은 고난은 말로 다 할 수 없다.

히데타카 씨와 도모에 씨는 아사히카와고교 동기생이었다. 히데타카 씨는 훗날 토마무 리조트로 알려지게 된 시무캇부촌, 도모에 씨는 아사히카와시 출신이다. 히데타카 씨가 어릴 때 시무캇부촌에는 철도는 없었고 마차와 말, 썰매가 주된 교통수단이었다. 산촌의 아이들이 기차를 타는 것은 1년에 한두 번에 불과했다. 하지만 세키쇼선이 시무캇부 마을을 통과한다는 소식에 고교 졸업 뒤 국철에 들어가는 꿈을 갖게 되었다.

지금 생각하면 아이러니한 일이지만 그 무렵 국철은 어느 곳보다 안정적이었고 고향에서 일을 할 수 있기 때문에 장남인 히데타카 씨에게는 큰 매력이었다. 국철 취직시험 합격은 부모님뿐 아니라 일가의 기대를 한 몸에 받는 일이었다.

고등학교 기계과를 졸업한 히데타카 씨는 1975년 4월 기동차, 전차, 기관차, 화차, 객차 모두를 수리하는 아사히카와 객화차구 루모이 파출소에 배속됐다. 두 사람은 루모이와 아사히카와를 왕래하면서 22살에 결혼했다. 히데타카 씨는 기숙사 생활을 하면서 청년부 선배한테 조직되어 노조 청년부 활동을 하게 됐다. 역장 보좌 한 명, 국철노조원 14명. 가족적인 직장이었다.

1987년 2월 16일. 이날은 새로 발족한 JR이 채용 혹은 불채용을 통보하는 날이었다. 제설차가 탈선했다는 비상호출을 받고 엄동의 새벽 4시 출동해 8시가 넘어서야 복구를 마쳤다. 직장에 돌아와 받은 통지는 불채용이었다.

국철노조에 남아 있으면 채용이 안 된다고 듣기는 했다. 결과는 그 대로였다. 합리화로 줄어들게 된 직장의 국철노조원 7명 전원이 불채용 통보를 받았다. 지각 상습범은 동로로 옮겼기 때문에 채용됐다. 인 사정책을 악용한 노조 탄압이었다.

"국철노조를 그만두고 모두 동로로 옮겼더라면……."

분회 집행부인 자신은 어쩔 수 없어도 다른 노조원까지 희생시켰다는 자책감에 더욱 괴로웠다. 1990년에 후배가 자살하고 1999년에 48세와 52세의 조합원이 병사했다. 노조 간부의 배신도 드물지 않았다. 히데타카 씨도 참다 참다 사람을 믿지 못할 지경에 이르렀다. 상사의 탈퇴압박과 노조 사이에 낀 샌드위치가 되어 자살로 내몰린 조합원은 전국에 150여 명에 이른다.

대법관 2명 부당노동행위 인정

일곱 살, 여덟 살 아들들이 있었다. 히데타카 씨가 투쟁의 조직활동가로서 야마나시현에 나가 있는 사이 도모에 씨는 생선가공 공장에서 일했다. 생활비를 벌기 위해 남자처럼 일했다. 아침 일찍 출근해 잔업까지 하고, 20kg짜리 냉동생선 상자를 올렸다 내렸다 하면서 악착같이 일했다. 그것이 파트타임 동료들로부터 질투를 받는 빌미가 되어 정신 이상까지 초래했다.

이제야 겨우 말할 수 있게 되었지만 히데타카 씨도 한밤중에 일어나 자살하지 않기 위해서는 발목을 묶고 자야 할 정도였다. 상담을 받고서야 안정을 되찾았다고 한다.

"루모이에서는 투쟁은 사치라고 합니다. 그 사람들은 적자가 나면

간단히 목이 잘리기 때문이죠. 남편은 자식들이 앞으로 자기와 같은 꼴을 당하지 않아야 한다며 노력하고 있습니다."

도모에 씨는 결연한 표정으로 다짐했다. 하지만 공고를 졸업하고 아사히카와에 있는 한 전기 공장에 들어간 큰아들은 임금체불을 당하고 둘째는 취업도 못했다. 둘 다 '프리터' 신세다. 그러나 헛된 일을 하고 있지 않다. 체념도 하지 않는다고 도모에 씨는 말한다.

외부 사람들이 끝까지 버티라고 말하기는 어렵다. 그래도 내가 이 투쟁을 지원하는 것은 나카소네 내각 때부터 정부가 저지른 잔인한 짓을 용서할 수 없어서다. 또 자신들의 목을 걸고 강권과 압정에 항의를 계속해온 이들에게 미안한 마음이 있기 때문이다.

2003년 12월 대법원 판결은 중노위의 구제명령을 취소하고 해고에 대한 'JR의 책임'을 면책하는 데 그쳤다. 그래도 재판관 5명 중에 재판장을 포함한 2명은 "부당노동행위 책임을 면할 수 없다"고 판단하고 "고법으로 환송해야 한다"는 의견을 냈다. 이것이 양식이 있는 소리다. 그 소리가 세상의 상식이 되기 위해 오타니 씨 부부의 투쟁은 한 걸음 더 나아가면 된다.

오타니 씨 등 295명은 '국철 청산사업단'을 인계받은 철도건설운수시설지원기구(구 철도건설공단)에 대해 해고 철회, 미불임금 지급을 요구하는 소송을 냈다. 2005년 9월 15일 도쿄지법은 국철노조원에 대한 구 국철의 불법행위(JR채용자 명부에 올리지 않은 행위)를 인정했지만 직장에 복귀시키지 않고 '위자료' 지급을 명했다. 원고 측인 조합원들은 이를 거부하고 항소했다.

누구를 위한 우정민영화였나

세상에서 가장 가까운 공무원은 우편배달부였다. 행정 공무원보다 우편배달부는 훨씬 만날 일이 많았다. 내게 편지가 오지 않더라도 붉은색 오토바이를 타고 거리를 달리는 집배원의 모습을 보지 않는 날이 없었다. 우편물이 배달되는 한 어딘가 사회와 연결되고 있다는 안도감이 느껴졌다.

영화에 흔히 나오는 장면이지만, 아득히 먼 길을 자전거로 달려오는 우편배달부의 모습은 기대감 혹은 불안감을 암시한다. 1999년 중국에서 영화화된 「산의 우편배달」은 3일에 걸친 배달 여정을 그린 단편 소설이 원작으로, 영화 속 우편배달부는 강을 건너고, 또 강을 건넌다. 아버지에게서 이어받은 무거운 우편가방을 짊어지고 산길을 오르는 괴로움과 사람들과 교감하는 기쁨이 초록에 지친 깊은 산을 배경으로 그려진 아름다운 영화다.

그런데 지금 일본의 우체국은 2007년 10월 민영화를 앞두고 극단적인 인원감축이 진행되고 과로사와 과로자살이 속출하는 이상한 직장이 됐다. 고이즈미 준이치로 총리는 무엇을 위한 우정민영화인지 제대로 설명도 하지 않은 채 중의원을 해산했다.[*] 총선에서 당내 반대 후보에 '자객'을 보내는 숙청을 단행한 끝에 2005년 10월 '우정민영화법'을 통과시켰다. 쿠데타라고도 할 수 있는 폭거였다.

[*] 2005년 8월 8일 참의원에서 우정민영화 법안이 부결되자 중의원을 해산한 뒤 9월 11일 치러진 총선에서 자민당 압승.

우정민영화의 거점이 된 곳은 사이타마현 고시가야(越谷) 우체국이다. 이곳은 노동자 과로사로 세상에 널리 알려진 곳이다. 현장의 이야기를 듣고 싶어 TPU(구 전국체신노조)와는 별도의 조직이자 소수 노조인 '우정노동자유니온'에 연락을 취했다. 연하장이 많은 연초는 가장 바쁜 때라서 조금 기다렸다가 2006년 1월 중순이 지나 취재약속을 잡았다. 하지만 배달을 끝낸 노동자가 잔업을 뿌리치고 기다리던 다방으로 나온 것은 오후 8시 30분이 지나서였다. 그래도 잔업을 세 시간 반이나 했다고 한다.

도요타가 좌지우지하는 우정공사

2003년 4월 총무성 내 우정사업청은 우정공사로 바뀌었다. 부총재로 취임한 이는 다카하시 도시히로 도요타자동차 상무. 그는 우체국 현장에 곧바로 '도요타 방식'을 도입했다.

'도요타 생산방식'은 1950년대 기계공장장이었던 오노 다이이치 씨가 고안한 인원삭감법이다. '진정한 원가절감은 인원수를 줄여야 달성된다. 때문에 공정 개선은 어디까지나 인원수를 줄이는 데 초점을 맞춰야 한다'는 것이 핵심이다.

노동자 1명의 작업시간에 포함되어 있는 '대기시간'을 없애고 최대한 움직이게 하면 몇 사람분을 모아 한 사람분의 노동자를 줄일 수 있다. 일하는 도중에 발생하는 여유를 낭비라고 생각해 1초의 낭비도 없고, 전체 노동시간 중 조금의 시간도 변동이 없도록 초시계로 잰 '표준작업' 매뉴얼대로 노동자를 부리면 경비를 들이지 않고 인력을 줄일 수 있다는 것이다. '생력화(省力化)*'가 아니고 '생인화(省人化)**'라고 오노 씨는 강조했다.

* 기계화·무인화로 노동력 줄이기.
** 사람 줄이기.

공사화 전년인 2002년 12월 고시가야 우체국에는 상하 일체형의 도요타 작업복을 입은 사람 7명이 상주하면서 초시계, 비디오카메라, 디지털카메라, 만보계 등을 이용해 작업동작을 분석했다. 창구, 우편물 구분, 집배업무의 일거수일투족을 계측하는 이상한 사태가 된 것은 표준작업을 만들기 위해서였다. 우정사업청은 우편사업의 업무개선을 위한 컨설팅 계약이라고 설명했다.

'도요타 진주군'은 또 GPS(위치검출장치) 30대를 오토바이와 자전거에 부착해 배달시간과 동선을 조사했다. 이 조사는 현장의 동의를 받지 않고 실시됐다. 직장 상황을 듣기 위해 고시가야 우체국 내에 거의 절반의 조직을 유지하고 있는 전체노조(현재는 JPU, 일본우정공사노조)나 전일본우정노조(전우정) 노조원을 취재처로 하지 않은 것은 두 곳 모두 JPS(Japan Post System)로 부르는 도요타 방식을 반대하지 않았기 때문이다.

전체노조 중앙본부는 2004년 3월 다음과 같은 '공지'를 각 지방본부에 내려 보냈다.

©이시고 도모히토(石鄕友仁)

고시가야 우체국에서 가장 늦은 배달은 오후 8시에 가까울 때도 있다고 한다.

"JPS는 '무리, 낭비, 일시변동'을 없애고 생산성의 향상을 도모하는 것이며, 전체노조도 우편사업의 건전한 경영기반을 확립하기 위한 중요 시책으로 받아들여 능동적으로 대처해야 한다고 판단합니다. …… 실시함에 있어서는 고시가야 및 전국 14개 시범지역을 참고하면서도 전국일률이나 지사일률, 상의하달이 아닌 각 우체국이 창의적으로 연구해 대처해야 한다고 판단합니다."

무리, 낭비, 일시변동과 창의적 연구는 도요타 용어다. '전체노조도 적극적으로 계획에 참여한다'고 쓰여 있기 때문에 노조의 도요타화라고 말할 수 있는 사태다. 전우정은 원래 '합리화 반대'를 내건 전체노조를 분열시킨 노조다. 지금까지 민영화 반대를 주장해온 것은 '우정유니온'과 '우정산업노동조합' 등 소수파 노조뿐이다.

정부의 대방침 앞에 노조는 완전히 굴복했다. 뿐만 아니라 아사히 신문 등도 2005년 9월 중의원 선거를 전후해 '민영화 찬성' 사설을 두 번이나 게재하고 고이즈미 개혁에 성원을 보냈다. 이리하여 과거 3공사 5현업으로 불리던 국유철도, 일본전매공사, 일본전신전화공사의 3공사는 해체되고 5현업 가운데 임야, 인쇄, 조폐만 남게 됐다. '공공성'과 '안정성'이 송두리째 버려지고 대국민 서비스는 극단적으로 저하된 것이 공통점이다. 이윤 추구가 최우선이고 기업만이 돈을 버는 '민영화'가 된 것이다.

해고는 하지 않는다면서도 노동자를 대거 자회사에 보내버린 NTT(일본전신전화주식회사)에서는 노동조건 악화로 자살자가 증가했다. 국철도 자살자를 속출시킨 끝에 대량 해고했고, JR니시니혼(西日本)의 아마가사키, JR히가시니혼(東日本)의 우에쓰선 철교에서는 대형사고가 잇따라 발생했다.

그리고 드디어 우정의 차례가 됐다. 공사로 바뀌었을 뿐 안전, 신속, 확실 등의 공공성은 이미 상실했다는 비판이 커지고 있다.

미국의 기대에 부응한 민영화

현재의 일본우정공사는 우편저축은행, 우편보험회사, 우편국회사, 우편사업회사, 그들의 지주회사인 일본우정으로 분할된다. 26만 명의 직원과 토지, 자산은 각각 배분된다. 다섯 명의 사외이사 중 한 사람이 오쿠다 히로시 도요타 회장 겸 일본 게이단렌(經團連, 경제단체연합회) 회장(당시)이다. 2007년 10월 발족한 '우편국회사(창구네트워크회사)'의 초대사장은 도요타 출신의 다카하시 도시히로 씨다. 그가 2만 4천 700개의 우체국을 지배한다. 도요타 생산방식을 도입해 낭비를 없애는 합리화에 성공했다는 평가에 의했다고 한다.

다카하시 씨는 민영화의 방침을 결정하는 '경영위원회'에도 참가하기 때문에 도요타 생산방식이 민영화 전반에 지도력을 갖게 된다. 이 경영위원회에는 지주회사 사장인 니시카와 요시부미 씨도 참가한다. 그는 미쓰이스미토모 전 은행장으로 전국은행협회 회장을 두 번이나 역임한 강성으로 알려져 있다.

니시카와 씨는 미쓰이스미토모 은행장일 때 미국의 골드만삭스사로부터 수천억 엔 규모의 자금을 얻어 증자를 단행했다. 따라서 말하자면 2005년 10월부터 우편저축이 창구판매를 시작한 외자계 '투자신탁상품'은 골드만삭스사가 운용하는 것이었다.

우정공사 민영화는 미국 투자회사와 보험회사의 기대가 반영된 것이다. 영세서민의 저축과 간이보험은 그들이 운영할 비즈니스의 기회가 될 뿐 아니라 분할 민영화된 새 회사의 주식을 취급하는 주간증권사로서 막대한 수수료를 챙길 수 있게 한다. 실제 골드만삭스사는 NTT도코모가 주식을 상장했을 때 주간증권사가 됐다. 미국의 금융, 증권, 보험업계가 고대하고 고대하던 해금, 그것이 우정민영화인 것은 공공연한 비밀이었다. 고이즈미 총리는 그 '자객'이었다고 말할 수 있다.

니시카와 사장은 취임 전 2006년 1월 10일 JPU의 신춘친목회에 이쿠타 마사하루 우정공사 총재, 규마 후미오 자민당 총무회장과 함께 참석한 자리에서 "공사화로 혁혁한 성과를 올리고 있는데 왜 민영화를 하는가?"라고 스스로 묻고는 다음과 같이 답했다.

"격변하는 물류, 금융 분야에서 제약과 규제로 손발이 묶인 공사가 민간과 벌이는 경쟁에서 이기는 것은 불가능합니다."

하지만 이것은 결코 우체국 직원과 예금자를 위한 것이 아니다. 그렇게 하려면 지금 이대로가 가장 좋다. 민영화는 지금까지 공공기관의 신뢰로 축적한 막대한 자금의 빗장을 풀어 군침을 흘리며 기다리고 있는 외국자본에 고스란히 바치는 것에 불과하다.

현장의 고통

2004년 5월 고시가야 우체국 집배영업과 A씨(36)는 자택 욕실에서 쓰러져 12일 후 사망했다. 뇌경색 진단을 받았다. 의사는 이렇게 젊을 때 뇌경색으로 사망하진 않는다고 했다 한다.

노조가 인정하는 36협정(시간외 및 휴일 근무에 관한 노사협정)은 재체결이 거듭된 끝에 2개월에 60시간 잔업이 113시간으로 바뀌었다.

A씨의 잔업시간은 발병 전 6개월에 309시간 37분, 월 평균 51시간 36분이었다. 그의 담당 구역은 우체국에서 10km 정도 떨어진 밭이 많은 곳이었다. 잔업 때 어두워지면 회중전등을 손에 들어야 하는 극도의 곤란을 겪었다고 한다.

과거에는 바의 스탠드처럼 높은 의자에 앉아 우편물을 구분하고 배달경로를 계획했는데 '도요타 점령군'은 갑자기 의자를 철거했다. 도요타 컨베이어 작업은 모두 서서 하는 일인데 이를 전국의 우체국에 파급시켜나간 것이다.

이에 대해 시오카와 데쓰야 의원(공산당)은 2004년 2월 중의원 총무위원회에서 전체노조의 직장 설문조사를 인용해 기립방식을 통해 작업이 빨라졌다는 사람이 3명, 늦어졌다는 사람이 50명, 작업의 피로도가 줄었다는 사람이 1명, 증가했다는 사람이 84명이라고 지적했다. 시오카와 의원은 특히 철거된 의자는 우정성이 작업용으로 특별 주문한 것이며, 의자의 배치는 노동안전위생규칙, 요통예방대책 가이드라인에도 규정되어 있다고 후생노동성을 추궁했다. 담당관도 이를 인정했다. 기립 작업이 장시간 지속될 경우 의자를 비치해 잠깐 휴식을 취하도록 정해져 있다.

도요타점령군은 노동안전위생규칙과 요통예방대책 가이드라인을 위반했다. 게다가 잔업 수당을 지불하지 않고 2004년 10월부터 12월까지 3개월간 전국 직원 5만 7천여 명에게 '서비스 근무'를 시켰다. 이 때문에 노동기준감독관청의 행정지도를 받아 32억 엔이 넘는 미불 임금을 지급해야 했다.

직원 이외에도 비상근 아르바이트 '유우메이트'*가 점차 증가했다. 교통사고도 늘었다. 우정공

* 우정그룹 각 사에 근무하는 기간제 사원.

사 간토지사의 발표에 따르면 2005년 10월에는 전년대비 125.9%나 늘어난 221건이었다. 지각배달, 배달착오도 많아졌다. 효율은 향상되지 않은 채 생명의 위기만 확대된 것이다.

또 도요타가 파견한 지도원이 전국 142곳의 우체국을 돌며 도요타 방식의 우체국판 JPS를 점검한 결과 성과가 올랐다는 보고는 '눈 가리고 아웅' 한 것임이 드러나기도 했다. 자동차 생산조차 커뮤니케이션 부족으로 결함차(리콜차)가 대량 발생하고 있는데 가장 인간적인 커뮤니케이션을 담당하던 우편 종사자들을 부품화해서 우편사업이 잘 될 턱이 없다. 우정 관료도 '면종복배(面從腹背)' 한 것이다.

그런데도 도요타 방식의 도입을 멈추지 않는 것은 여하튼 공공성을 파괴하는 민영화를 위한 막무가내식 정지작업이 목적인 것 같다.

일본의 일등 기업 도요타 의 속사정

도요타는 일본에서 돈을 가장 잘 버는 회 사다. 순이익 1조 1천 620억 엔(2004년 3 월 연결결산)으로 1조엔 대를 넘은 거액은 일본 자본주의 사상 처음이 다. 세계의 강호 미국 GM과 비교하면 판매대수로 130만 대, 매출액으 로는 2조 5천억 엔이나 적지만 순이익은 배나 된다. 비용절감이 얼마 나 철저했는지 알 수 있는 대목이다. 이익 규모는 세계 제4위(1위는 미 국 엑손모빌)지만 석유정제와 금융을 제외한 제조업만으로는 세계 1 위다.

"마른 걸레도 짜라."

이것이 도요타식 이윤추구의 모토다. 쥐어짜진 하청기업이 울고 노동자가 괴로워하는 모습을 지금껏 여러 차례 고발해왔다.

계약직 1만여 명이 일하다

도요타자동차 본사는 JR나고야역에서 전차를 갈아타고 50분 정도 걸리는 도요타시 도요타초 1번지에 있다. 과거 고로모(挙母)시라는 아 름다운 이름이었지만 도요타 사키치(豊田佐吉) 일족의 아무런 특색도 없는 성(姓)인 '도요타'로 바뀌었다. 성이 시 이름이 되고 회사 이름이 동네 이름이 된 것은 전국에서도 유일하다.

아침 출근시간에 도요타초(豊田町)의 본사 앞에 서 있으면 흰 와이

셔츠 차림의 사람들이 눈앞을 지나간다. 건너편에 테크니컬센터가 있기 때문에 그곳으로 향하는 기술자들일 것이다. 사람을 만나지 않아도 되기 때문인지 복장이 편안하다. 이것만으로 지방에 있는 세계적 기업의 자신감을 느낄 수 있다.

본사건물에서 비스듬하게 건너편에 있는 게 '본사공장'. 트럭 새시 등이 생산되고 있다. 문 안으로 차체가 긴 '캐리어카'가 들어가는 것이 보였다. 31년 전 나는 이 공장의 문을 아주 피곤한 발걸음으로 매일 반년 정도 드나들었다. '기간제'라고 불리는 임시직이었는데, 트랜스미션 조립 작업에 종사했다.(『자동차 절망공장-어느 계절공의 일기』, 고단샤문고)

이 때문에 공장 지붕을 틈새로 보는 것만으로도 당시의 피로감이 되살아오는 듯 현기증이 났다. 그래도 왠지 그리운 감정이 없지는 않다. 구내를 들여다보니 과거에는 지방도로라서 왕래가 자유로웠던 공장 앞길에는 고속도로 요금소 같은 게이트가 만들어지고 수위가 배치돼 일반통행을 제한하고 있다.

당시 내가 지급받은 금액은 초과근무수당, 심야근무수당, 교체수당을 포함해 모두 월 7만 9천 엔이었다. 요즘 도요타 기간종업원 모집 3단통 신문광고를 보면 25만 4천 430엔으로 되어 있으니 31년 만에 대략 3배가 된 셈이다.

1972년 11월 도요타의 결산을 보면 '우리나라 최초 320억 엔 순이익. 2년 연속 1위 유지'(주니치신문)라고 되어 있다. 그 뒤에도 오일쇼크 때를 제외하고는 일관되게 1위를 지켜왔다. 1조 1천 620억 엔의 이익은 내가 일하던 때보다 30배 이상 늘어난 것이다.

다른 수치를 보자. 당시 종업원 수는 4만 1천 명이었지만 지금은 6

만 5천 명으로 50% 증가했다. 그러면서도 돈벌이는 30배다. 도요타에서는 '생력화'라 하지 않고 더 노골적으로 '생인화'라고 한다. 그 사이 현저히 불어난 것은 바로 나의 동료, 기간제 근로자다. 그 무렵 3천 명이던 기간제 근로자를 지금은 "1만 명 가까이 안고 있다"(오쿠다 히로시 회장)고 한다.

2004년 5월 10일, 미쓰비시자동차의 잉여인원을 수용할 것인지에 대한 기자단의 질문에 '안고 있다'는 표현을 사용하여 답을 한 것은 어폐가 있다. 저비용 기간제는 안고 있지 않고 잘라내기 위한 존재이기 때문이다.

일본 게이단렌의 회장이기도 한 오쿠다 회장이 불안정 고용의 상징인 '기간제'를 최대한 이용해 세계 최대 이익을 올리고 있다면 치욕감을 느껴야 한다. 일본 제일의 수익기업, 세계의 도요타에 자부심이 있다면 더더욱 그렇다.

슬픔의 시에서 비밀의 시로

벗들인 도요타 노동자들과 오랜만에 재회했다. 급속한 해외진출 때문에 지도요원으로 부임하는 노동자가 많다고 한다. 그 때문에 현장 인력이 부족해 기간제를 모집할 때는 바로 쓸 수 있는 '자동차 제조라인 경험자'가 우대를 받는다. 가장 짧은 계약기간이 4개월이고 최대 2년 11개월까지 연장된다고.

일감을 찾아 전전하는 노동자의 대명사였던 '계절공'이 지금은 계절을 초월한 '연중형'이 됐다. 노동운동사상 비애의 존재가 된 임시직(프리터)은 노동현장의 밑바닥에서 초과이윤을 짜내도록 내몰리고 있다. 또 50대 사무직이 잉여인력 취급을 받는 것은 이곳도 같았다. 컴퓨터 처리 등에는 임금이 반 이하인 파견노동자가 대거 들어와 있다.

생산현장은 4월부터 시작한 임금 '신제도'에 불만이 높았다. 연령급에서 바뀐 '숙련급'은 피크임금을 30대~40대에 설정하고 50대부터 임금을 줄이는 제도다.

"임금인상 중단보다 더 나쁩니다. 과거로 거슬러 올라 임금이 줄어드는 것과 같아요. 그래도 아직 일반 사회보다는 더 낮게 받고 있습니다만, 그렇다고 회사만 돈을 벌어 어쩔 작정입니까."

한 사람의 마음 안에서도 모순이 존재하는 게 현장 의식이라고 한다. 노조 분회 임원에게 불만을 토로하면 "지금 당신 월급으로 고용해주는 곳이 어디 있느냐?"는 위협이 되돌아온다. '노사유착'의 '성과'다. 바로 곁에 있는 미쓰비시자동차의 경영불안도 한몫하면서 세계 제일의 기업 노동자도 위축될 뿐이다.

도요타는 항상 사내에 위기의식을 침투시켜 분배를 억제해왔다. 내가 일하던 그때부터 매일 아침 '조례'에서 '닛산이 쫓아 올라왔다', '미국에 진출하지 않으면 헤쳐 나갈 수 없다', 'GM은 강하다', '미쓰비시처럼 되지 말라'고 노동자들을 세뇌했다. 그런 의식 조작으로 노동자 급여는 일반 사회 수준으로 억제되고 착실히 내부축적을 쌓아올린 것이다. 그 결과 22개국에 공장을 두고 총 자산 22조 엔, 보유자금 2조 2천억 엔의 도요타은행이 탄생했다.

이 회사의 춘투* 교섭내용이라는 것도 경쟁력의 상대적 우위성에 대해서다. 노사가 담합해서 노동자와 하청기업을 괴롭히는 꼴이다.

* 춘계 투쟁. 매년 봄 노조가 벌이는 임금인상 투쟁.

노조가 어용이 되고 사내 견제 기능이 사라지자 일본 게이단렌 회장사라고 믿어지지 않는 추문이 잇따르고 있다. 서비스 잔업을 시켜 노동기준감독서로부터 시정권고를 받거나, 50억 엔이나 되는 탈세가 나고야세무서에 의해 적발된다거나, 자동차정비 국가시험문제를 누설하는 등 글로벌 기업에서는 있을 수 없는 주먹구구식 사건사고가 잇따르고 있다. 의식은 시골기업보다 못하다고나 해야 할까.

2004년 5월 12일 이른 아침, 쓰쓰미 공장에서 친구들과 이야기를 나눴다. 33세 노동자가 프레스기에 압사한 사건이 있은 뒤로 과로자살을 포함해 개발부문 엘리트기술자와 노조 간부의 자살이 증가하고 있다는 소식이 화제였다. 그들 주변에도 10여 년 전부터 우울증 환자가 증가했다고 한다.

노조 기관지 '평의회 뉴스'에는 '정신건강'에 대한 기사가 빈번하게 등장한다. 2003년 11월 27일 노사협의회에서 회사 측이 발언한 "회사는 정신질환 다발을 중대 사태로 받아들이고 있다"는 내용이 가십체로 기술돼 있다. 비상사태 선언이기도 하다.

그 전달 정기대회에서 어떤 조합원은 "일전에 노조가 '막다른 상황이기 때문에 확실히 대처하겠다'고 했지만 구체적으로 어떻게 대처할 것인가"라는 질문을 했다. 노조는 미연 방지, 조기 발견, 휴양자 추적 등의 대책을 회사에 건의했지만 "큰 효과가 없다"고 답변했다.

올해 2월 노조가 회사에 제출한 노조 요구서에는 "정신건강 악화는 개인의 문제에 국한하지 않고 기업 경쟁력의 원천이기도 한 '사람의 의욕' 저하, 그리고 무엇과도 바꿀 없는 '노동력' 손실과 직결될 수 있는 문제다"라고 되어 있어 회사에 영합하는 모습을 이내 알 수 있다. "도요타 경쟁력 향상을 실현"하기 위해 직장환경 정비에 나선다니, 앞으로도 노사 모두 생산제일주의일 뿐 자살 방지에 힘쓸 것 같지는 않다.

　도요타 노동자의 아들로 태어나 사택 목욕탕에서 "오늘 사망사고가 있었다"는 이야기를 들으며 자라온 도구치 마사시(67) 씨는 반(反)도요타 시의원으로 7선한 인물이다. 그는 이렇게 말한다.

　"도요타시에 살면서 도요타가 어떤 회사냐는 질문을 받아도 아무도 대답을 못합니다."

　그는 31년 전 도요타시를 '슬픔의 시'라고 표현했다. 지금은 역대 시장을 도요타에서 배출하는 등의 서툰 짓은 하지 않는다. 그래도 각 공장에서 선출된 시의원이 40명 중 9명이나 있다. 시내의 공장노동자 83.7%, 제조품 출하 금액으로는 95.5%를 자동차 관련 공장이 점하고 있는 시다. 시민세과 과장을 만나 시민세에 점하는 비율을 물어도 계산해본 적이 없다고 한다. 성주의 허가 없이는 아무 말도 할 수 없다고 생각할 수밖에 없다. 31년 전 법인별로는 81%였다. 1997년에는 68%. 지금은 비밀이다.

　이제는 '비밀의 시'라고 해야만 할까.

1천 600명이 구조조정되는 미쓰비시 자동차

'존폐를 건 재생 계획', '최후의 도전', '회사가 존속할 것인가, 망할 것인가?'

매스컴 특유의 과장된 표현이 아니다. 바로 미쓰비시자동차 노사 문서에 등장하는 문구다.

미쓰비시자동차는 독일의 다임러 크라이슬러사 추가지원 중단과 사상자, 차량화재를 발생시킨 결함 은폐, 리콜 은폐 공작 발각 등으로 타격을 입어 2000년의 오에(大江) 공장에 이어 본거지이기도 한 오카자키(岡崎) 공장의 폐쇄를 결정했다. '3개의 다이아몬드' 로고를 자랑하는 미쓰비시자동차의 곤경은 단지 사양이라는 말로 표현되지 않는다. 문자 그대로 위급존폐의 시기인 듯하다.

오카자키 공장 폐쇄 보도를 접하고 가장 먼저 떠오른 것은 미쓰비시중공업 나가사키 조선소 도크 석벽에 조각된 '국화 문장' 이었다. 관영 공장으로 출발해 1대의 정경유착 사업가 이와사키 야타로 일족이 거느린 '미쓰비시' 에 불하된 조선소는 민영화된 뒤에도 천황이 몇 번이나 행차를 했다. 미쓰비시중공업주식회사 사사에서 기술하고 있는 그대로 '광영' 으로 빛났던 것. 전시에는 대함거포의 대명사랄 수 있는 '전함 무사시(武藏)' 를 건조했고, 전후에도 일본 군수산업 점유율 1위 자리를 빼앗기지 않았다.

이 초거대기업의 거만과 군함, 전투기, 전차, 미사일을 생산해 전 세계를 노려보는 태도가 사람을 사람으로 생각하지 않는 미쓰비시자동차 간부들의 오만을 낳은 것은 아닐까.

중공업에서 자동차 공업이 분리된 것은 1970년. 불과 34년 전의 일이다. 군수 부문의 책임자(부사장)였던 도조 히데키 전 총리 2남이 '자동차공업' 사장으로 취임했을 정도다. 주식상장은 불과 16년 전인 1988년. 너무나도 늦은 기업공개였다. 사장은 항상 중공업에서 낙하산으로 내려왔다. 미국 진출 후 성희롱과 성차별 문제로 여성노동자가 제소하자 '보복적'으로 대응해 생채기를 깊게 한 것도 내향적 교만 체질의 영향이다.

1997년 '주총꾼'* 에 이익을 제공한 사건으로 회장, 사장이 인책사임하고 2000년 리콜 은폐사건으 * 소량의 주식으로 권리행사를 남용해 회사 등으로부터 금품을 우려내는 사람.로 사장 사임, 방치한 대형트럭 허브결함에 의한 탈륜으로 2002년 1월 요코하마의 모자 3명 사상, 같은 해 야마구치현에서는 클러치계통 결함으로 운전자가 숨지는 등 사건사고가 끊이지 않았다.

결국 2004년 6월, 전 사장을 비롯한 회사 간부 6명이 업무상 과실치사 혐의로 체포됐다. 도로운송차량법 위반죄도 조사받았다. 이 간부들의 논리는 "리콜은 회사의 불명예이며 (회사의) 존폐와 관련이 있다"는 식이었다.

'사회' 보다 '회사'.

도착된 이 가치관은 '국화 문장'을 받고 "메이지, 다이쇼, 쇼와 3대에 걸쳐 나라의 성쇠와 함께 걸었다"(앞의 '사사')는 '광영'에 의해 형성된 것이었고, 역겨운 엘리트 의식과 자승자박의 경직화를 초래했다. 그러면서도 외국자본인 다임러 크라이슬러로부터 34%의 출자를 받아 경영권을 쥐어주고 추가지원이 끊어지자 이번에는 미쓰비시중공업, 미쓰비시상사, 도쿄미쓰비시은행 등 미쓰비시그룹에 의존해 급한 불을 끄는 식이다. 참으로 안이한 구조가 아닐 수 없다.

회사와 담합한 채 싸우지 않는 노조

2004년 5월 하순에 발표된 미쓰비시자동차 '재건 계획'에서 폐쇄 대상이 자회사인 '파제로제조'가 아닌 오카자키 공장이어서 노동자 들은 뜻밖으로 받아들였다. 이 계획에 따르면 사륜구동 '파제로'를 생 산하는 기후현 사카호기초 사카호기 공장과 경자동차 등을 제조하는 오카야마현 구라시키시 미즈시마 공장에 오카자키 공장의 '콜트', '그랜디스' 생산을 이관한다는 것이다. 이에 따라 연구 부문 이외의 오카자키 공장 노동자 약 1천 600명은 강제 전배된다. 또 회사 간접인 원 30%도 삭감하게 된다.

오카자키 공장 소장이 이 구조조정 계획을 발표하자 집회장에 모 인 노동자들의 언성이 높아졌다.

"왜 그렇게 서두는 겁니까. 공장폐쇄 외에 다른 대책을 생각할 능 력은 없습니까?"

"주총꾼 사건 이후 불상사는 경영진 책임입니다. 왜 그 뒷감당을 우리가 떠맡아야 합니까."

여기에 용기를 얻은 노동자 한 명이 일어나 "이것은 모두의 의견" 이라고 전제하고 "리콜 감추기와 결함차 은폐는 살인이나 다를 바 없 습니다. 공장폐쇄가 아니라 윗사람이 책임지고 사퇴해야 합니다"라고 촉구했다.

"옳소! 옳소!"

성원과 박수가 터져 나왔다고 한다. 그러나 노조는 이 움직임에 대해 꿈쩍도 하지 않았다.

"이번을 재기를 향한 마지막 기회로 받아들여 몸과 마음을 바쳐 확실히 대처해 나갈 생각입니다."

이것이 공장폐쇄에 대한 미쓰비시자동차 노조연합회장의 발언이다. "물러설 곳 없는 존폐 위기", "종래의 틀에 얽매이지 않는 발본개혁을 실천해 우리들 손으로 재건" 등 회사 방침에 적극 동참하겠다는 내용 일색이다. 노조로서의 항의는 찾아볼 수 없다.

2003년 말, 현장 작업장과 부작업장이 10일의 출근정지 처분을 받았다. 자신이 구입한 차량이 컨베이어에 실려 오는 것을 기다려 고급 사양 부품을 부착한 것이다. 처분을 받자 "왜 처분을 받아야 하나. 누구나 하는 일 아닌가. 예전에는 부장도 과장도 시켰다"는 동정의 소리가 많았다고 한다. 이상한 것은 이 처분이 사내통신 '인트라'에서 공표되지 않고 조례에서 보고됐을 뿐이었다는 점이다.

점심 휴식시간이 되어야 컨베이어는 겨우 멈춘다. 노동자가 식당을 향해 걸어가면 저쪽에서 작업장들이 돌아온다. 미리 밥을 먹고 당당하게 걸어오는 것이다. 계장이나 과장은 보고도 못 본 척하고 있다. 성과주의 임금이라면서도 작은 특권과 부정이 활개를 친다. 외주업자 공갈, 등치기, 잔업시간 물타기 기록이 드물지 않다.

이자와 히로시(54) 씨는 3년 전 오에 공장이 폐쇄되는 바람에 오카자키 공장으로 전배되어 왔다. 그때부터 올해까지 회사에서는 2천 명의 인원이 줄었다고 한다. 때문에 개선반이라 불리는 그의 직장에 노조 지부집행위원이 왔을 때 "오에 공장의 폐쇄도 포함해 지금까지 수차례 구조조정이 실행됐지만 실패했다. 노조 간부는 그 모두에 동의했다. 이번에도 같은 일을 하려고 하고 있다. 당신들은 이번 재생계획이

성공할 거라는 확신이 있느냐?"라고 따졌다.

집행위원은 "확신은 없지만 지금은 오카자키 공장을 폐쇄하지 않고 살아남을 방법이 없다"고 답했다. 주변 조합원들은 "성공할지 어쩔지 모르는데도 동의하려 하는가?" "우리를 어디로 이끌고 가려느냐?"고 추궁했다. 회사를 포기하고 그만두는 노동자도 나왔다. 회사 형편에 따른 퇴직이 아니라 개인사정에 따른 퇴직이어서 퇴직금은 얼마 되지 않는다. 그래도 노조는 묵살할 뿐이다.

6월 상순 갓 취임한 다가야 히데야스 사장이 공장을 방문했다.

한 노동자가 사장한테 호소했다.

"공장을 폐쇄하고 어떻게 힘내라고 합니까. 힘낼 기분이 아닙니다. 사장님께서는 이 재생계획으로 정말 미쓰비시자동차가 되살아난다고 생각하십니까. 확신한다면 그 근거를 제시하고 확신할 수 있도록 설득 좀 해주세요."

다가야 사장은 "이 재생계획의 성공은 모두가 얼마나 애를 쓰느냐에 달려 있습니다. 여러분 함께 해봅시다"라고 답해 겨우 박수를 받았다고 한다. 그 박수는 중공업에서 낙하산이 아닌 첫 전문경영인이 사장으로 취임한 데 대한 기대이며 힘을 내자는 동료들의 호소였다고 이자와 씨는 설명했다.

6월 중순 '재생계획'의 '추가시책'이 발표됐다. 말하기 거북한 것은 한꺼번에 말하지 않고 찔끔찔끔 내놓는 땜질식이다. '성역 없는 경비 삭감'이라는 제목의 시책 내용은 관리직 10%, 일반노동자 5%의 임금삭감과 연말 일시금 제로화라는 제안이다. 같은 날 노조는 위원장 명의로 이 추가시책을 수용한다고 발표했다. 제안하면 언제나 곧바로 수락한다.

노조는 "회사 존속을 위해 스스로의 피를 흘리는 것, 그것이 고용을 지키는 것"이라고 한다. 노조 간부는 노동자들과 한마디 의논도 없이 회사와 담합해서 결정하고 그것을 노동자에게 밀어붙일 뿐이다. 노조의 자기 파괴다. 피 흘려 기업을 지킨다는 표현이 섬뜩할 뿐이다.

회사는 노동자에게 희생을 강요하고 노동조합은 하청노동자에게 그 희생을 전가한다. 공장 이전으로 버림받는 하청기업 몇 곳은 도산할 가능성이 높다. 직접 부문 노동자 1천 600명 가운데 80% 정도가 미즈시마 공장으로 전배되고, 나머지는 '파제로제조' 등으로 간다. 하지만 옮길 수 없는 사정을 가진 사람이 많다. 도요타 관련 기업에는 400명 정도가 채용된다. 하지만 그들이 '도요타 절망공장'을 견딜 수 있을까.

한 노동자가 속마음을 털어놓았다.

"자존심보다 돈, 이게 솔직한 상황입니다."

"당분간 미쓰비시에 남기로 마음을 먹었지만 재기할 가능성이 보이지 않는다"는 노동자도 있다. 회사가 투자펀드에 팔려 해체된다는 불안감도 강하다. 이즈음 노조는 적립된 '투쟁기금'을 조합원에게 돌려줬다. 파업은 생각하고 있지 않다는 뜻을 천명한 것이다. 격화되는 국제경쟁의 와중에 소비자를 배신한 후과(後果)는 엄중하다. 가령 회사가 살아남았다 해도 구조조정을 당한 노동자가 이리저리 흩어진다면 그것을 '재생'이라고 말할 수 있을까.

미쓰비시자동차는 2005년 4월 같은 해 10월로 예정된 오카자키 공장 '폐쇄'를 2~3년 연기한다고 발표했다. 이 혼란의 와중에 도요타 등으로 전직한 400명을 포함해 모두 800명이 줄어들어 전체 노동자는 700명 규모가 됐다. 위협을 이용한 '솎아내기' 이자 노사 일체의 쇼가 아니고 무엇인가.

3장

일본 교육의 우경화

전쟁을 위한 '교육'을 허용하는 교육기본법

"며칠 전 국회에 갔습니다. 국회 앞 인도는 교육기본법 개악을 반대하는 수백 명의 사람들로 넘쳐났습니다. 밤에는 수천 명으로 불어나 항의를 했습니다. 국회 공청회 진술인과 참고인들이 철저한 심의를 요청했다고 들었습니다. 그런데 언론은 이 사안을 별로 보도하지 않습니다. 교육기본법 '개정(改正)' 안은 처음부터 재검토해야 할 중대 사안입니다."(2006년 12월 15일자 아사히신문 '소리' 란)

시즈오카시 스루가구에 사는 독자 우에스기 사요코 씨가 신문에 투고한 내용 일부다. 국회의원 회관 앞에서 연일 연좌농성을 벌이는 시민들의 모습을 보고 펜을 들었다고 한다. 글은 이렇게 이어진다.

"언론은 법안이 통과됐을 때만 보도할 게 아니라 사전에 여러 각도에서 이 문제를 다뤄 주세요."

2006년 12월 15일 오후, 개악된 교육기본법은 참의원 본회의에서 자민·공명당이 연립한 여당만의 찬성으로 통과됐다. 이튿날 각 조간신문은 '개정교육기본법 통과' 라는 제목의 1면 머리기사로 대서특필했다.

그러나 '개정(改正)' 이라는 말은 자민·공명 양당의 주장일 뿐이다. 양식 있는 기자라면 헌법 정신을 짓밟는 개악을 우려해야 할 텐데 '개정' 이라는 지배자의 언어를 스스럼없이 큰 제목으로 뽑았다. 마치 죽기를 기다렸다가 보도하는 '부음' 처럼, 미리 준비한 것으로 보인다.

아사히신문은 국회 앞으로 달려간 젊은이들의 사진을 들고 눈물을 흘리는 여성에 초점을 맞췄다. 제목은 "아이들의 내일은 어떻게 되나", 1면 부제목은 "국가색 강해질 우려". 멋진 지면 구성이다. 그러나 이것이 과연 '개정'인가.

우에스기 씨가 "법안이 통과됐을 때에만 보도한다"고 일갈한 것은 반대운동이 전혀 소개되지 않는 걸 두고 하는 말이다. 신문사 측은 "그렇지 않다. 지금까지 보도해왔다"고 변명을 늘어놓겠지만 사망할 거라고 예상하고 팔짱을 낀 채 죽음 확인만을 기다렸다는 의심을 받지 않을 수 없다. "국가색이 강해진다"면서 왜 미리 경종을 울리지 않았느냐 말이다.

나는 2006년 12월 12일자 『도쿄신문』 '속내칼럼' 란에서 이렇게 비판했다.

"개헌의 길을 닦는 교육기본법 개정에 저널리스트의 분노가 너무 약하다. 자기 아이들의 미래가 걸려 있을 터인데……."

그 며칠 전, 작가 이케다 가요코 씨, 어린이탐험가 사이토 지로 씨 등과 함께 중의원 의원회관 회의실에서 기자회견을 했다. 그리고 그 자리에서, 정치가 부당하게 교육을 지배할 수 있도록 하는 '개정(改定)' 반대를 주장했다. 언론의 외면은 각오한 참이었다.

그러나 기자회견은 그렇다 치더라도 12월 8일 일본교직원노조가 주최한 도쿄 히비야 야외음악당 집회 역시 언론은 철저히 외면했다. 마이니치신문만 보도했을 뿐이다. 나는 주1회 연재하는 칼럼에서 이 법안의 강행에 대해 기자들 개인으로서는 어떻게 생각하는지 물음을 던졌다. 객관보도라는 것이 자신이 목에 칼이 들어와도 객관적일 수 있을 것인가?

그날은 전국에서 1만 2천여 명의 교원이 참가했다. 오후 4시 45분부터 6시까지 2회에 걸친 집회였는데, 집회장은 사람들로 가득 찼다. 자민·공명 연립여당이 법안 통과를 강행할 거라고 예상된 만큼 팽팽한 긴장감이 감돌았다. 집회가 끝나고 국회까지 행진을 했지만 신문과 TV는 이를 무시했다. 언론이 다루지 않으면 반대의사는 집회에 참가한 것에 그친다. 자민당과 공명당 정치인들은 틀림없이 안도했을 것이다.

공립 초·중등학교장의 3분의 2가 반대하고 여론의 60% 이상이 논의를 더 해야 한다던 법안이었다. 신문은 그런 사람들의 의사조차 무시한 채 양시양비론으로 피해갔다. 교육과 사상, 언론의 국가통제는 신문에게도 위협으로 닥쳐올 텐데……. 교직원노조의 집회는 보도하지 않았지만 교육기본법 문제를 독자와 같은 시선으로 건투한 것은 내가 아는 한 도쿄신문 정도였다.

'평화'에서 '정의'로

히비야 야외음악당 집회장에서 교사들의 비장한 기운을 느끼면서 의문이 하나 생겼다. 왜 더 빨리 이와 같은 규모의 집회를 열지 않았던가. 외부에서 쉽게 파업을 하라고 말할 수는 없지만 일본교직원노조 스스로 더 빨리, 더 대담하게 적극적인 반대운동을 하지 않으면 미래는 불투명해진다. 이 사건은 교직원 자신들이 책임지고 있는 교육 문제다. 자신들의 업무에 대해 정부의 압박이 더 거세지리라는 것은 지금부터 충분히 예상되는 일이다.

이에 대한 불만에서인지 모리코시 야스오 중앙집행위원장이 연단에 서자 날카롭게 비판하는 여성의 목소리가 들렸다. 하지만 내가 서 있는 곳에서 알아들을 수는 없었다. 분명 일본교직원노조는 비상사태를 선언했다. 하지만 조직 전체적으로는 어느 정도나 결의한 것일까. 집행부를 비판하는 조합원들의 목소리가 자주 들린다.

평화헌법의 이상과 자성을 실현하기 위해서는 '근본적으로 교육의 힘에 기대해야만 하는 것이다' 라는 것이 교육기본법의 정신이다. 그러나 아베 신조 총리는 평화헌법을 파괴하기 위해 헌법을 지탱하고 있는 교육기본법을 공격하기 시작했다.

아베 총리는 평화교육의 파괴자이며 '전후체제' 를 타파하는 교조주의자다. 외조부인 기시 노부스케 전 총리가 전후 '전범' 용의자로 강하게 비판받은 데 대한 복수이기도 하다. 때문에 아이들의 장래 따위는 안중에도 없다.

교육기본법 전문에 있던 '개인의 존엄을 존중하고 진리와 평화를 희구하는 인간 육성', 그것을 위한 교육 보급 철저라는 이념을 '진리와 평화' 에서 '진리와 정의' 로 바꾼 것이 평화교육에 대한 가장 노골적인 공격이다. '평화' 와 맞바꾼 '정의' 는 조지 부시 미 대통령이 이라크 공격에서 소리 높여 부르짖던 바로 그 '정의' 다. 전쟁을 위한 교육이 아닌 평화를 위한 교육은 전쟁이 끝난 후 출발점에서 맹세했던 부분이었다. 히비야 야외음악당 집회 참가자들이 가슴과 등에 단 슬로건과 플래카드, 즉 "다시는 제자들을 전쟁터에 보내지 말라" 는 외침은 퇴색되지 않을 교사들의 약속이다.

이번 개악이 비열한 것은 행정이 교육을 지배하지 못하도록 '부당한 지배에 복종하는 일 없이 국민전체에 대해 직접 책임을 지고 행한다' 는 규정을 '타의 법률에 정하는 바에 의해 행하는 것이다' 라는 조항을 덧붙여 물타기를 하고 국가가 통제할 수 있는 빌미를 만든 데 있다. 이는 헌법 제9조 제1항*은 그대로 두고 '국가 의 교전권은 인정하지 않는다' 는 2항을 삭제해

'자위군' 을 설치하고, '국제적 협조' 라는 미명 아래 집단적 자위권을 포함하려는 자민당 '신헌법초안' 을 슬쩍 베낀 것이다. 말하자면 '개 악교육기본법' 은 '행랑채를 빌려 안채를 빼앗는' 식의 사기꾼 술책 이다.

교사에 대한 '사상검증'

이미 교육은 행정의 부당한 지배를 받아왔다. 도쿄도 교육위원회 는 2003년, 입학식과 졸업식에서 '기미가요' (君が代, 일본국가)를 제 창하고 히로마루(日の丸, 일본국기)를 게양할 때 기립할 것을 의무화 한 도쿄도 교육위원회의 방침('10 · 23 통지')을 각급 학교에 내려 보 냈다. 이후 '불기립, 불제창' 으로 저항한 교사 345명이 계고처분을 받 았다. 이와는 별도로 정년퇴직 후에 촉탁으로 근무하는 교사 10명에 대해 재고용을 거부(해고)하고, 13명을 시험에서 불합격시키는 등 모 두 23명이 부당한 처분을 받았다.

오타 슈쿠코(太田淑子) 씨는 1965년부터 정년 1년 전까지 고등학교 수학교사로 근무했다. 그리고 그해 유명을 달리한 친구의 어머니를 돌 보기 위해 '명예퇴직' 을 했다. 하지만 그 어머니마저 돌아가시자 재고 용을 신청해 학교로 돌아와 근무 5년째를 맞이하려던 참이었다. 하지 만 2003년 3월 졸업식에서 기미가요 제창 중 기립하지 않았다는 이유 로 '합격취소' 를 당했다. 이른바 해고를 당한 것이다.

"정말로 싫은 것은 싫다고 말할 수 있다고 제자들에게 가르쳐왔습니다. 자신의 생각을 소중히 할 것, 각자가 무엇과도 바꿀 수 없는 소중한 사람이라는 점을 강조해왔어요. 그렇기 때문에 강요에 굴복해 기립할 수는 없었던 겁니다."

오타 씨는 다섯 살 때 만주(중국 동북부)에서 패전을 맞이해 겨우 목숨을 부지하고 귀국할 수 있었다. 그 체험이 "두 번 다시 과오를 범하지 않겠다"는 평화의 결의로 이어졌다. 오타 씨의 저항은 국가, 국기에 대한 반대가 아니라 학교교육에 행정이 개입하는 걸 허용할 수 없다는 데 있다. 지금까지 교육에 대한 부당한 지배를 금지한 교육기본법이 있었기에 행정은 더욱 '히노마루, 기미가요'를 강요해왔다. 그 행태가 일본을 전쟁으로 밀어 넣은 정치가들을 떠오르게 한다고 한다.

호텔 커피숍에서 이야기를 나누는 사이 또박또박 알아듣기 쉽게 말하는 모습에서 나는 교단에서의 당당한 자세를 연상했다. 오타 씨는 나보다 두 살 아래였다. 함께 같은 전후교육을 받으며 자라왔다. 나도 강요받는 게 싫고, 상대가 싫어하는 것을 강요하고 싶지도 않다. 그것이 민주주의의 원리일 것이다. 기미가요를 부를 때 기립하지 않는 것은 정치운동이 아니다. 양심의 자유 문제다. 그것을 처분한 이시하라 신타로 도쿄 도지사는 파시스트라고 해도 과언이 아니다. 양심적 불복종은 인정해야 한다.

"서로 다른 것을 인정하고, 서로 이해하며 그 과정을 얼마나 소중히 하는지가 학교교육이라 생각합니다. 학생에 있어서도 그렇고 교사에 있어서도 그렇습니다."

2004년 1월에 도립고교 교사 228명(최종적으로 401명)이 국가를 제창할 의무가 없다는 제1차 소송(예방소송)을 제기했다. 제1차 소송

공동대표 가운데 한 사람인 물리교사 미야무라 히로시 씨는 '10·23 통지' 전부터 히노마루, 기미가요 강요에 대해 신문에 의견광고를 내는 등의 활동을 했다.

"이 강요로 기립한 사람도, 기립하지 않은 사람도 고통을 받게 됩니다. 스스로 판단하라고 가르쳐온 것을 학생들 앞에서 뒤집는 것이기 때문에요."

얼마나 잔혹하고 비교육적인 '사상검증'인가. 2006년 9월 21일 도쿄지법(재판장 난바 고이치)은 "국기를 향해 기립하고 국가를 제창하는 것, 피아노 반주를 거부한다 할지라도 동인들의 상기 행위를 제약하는 것은 필요 또는 최소한도의 제약을 넘는 것이며, 헌법 제19조*를 위반하는 것으로 해석하는 것이 상당하다"고 판시했다. 히노마루, 기미가요 강요는 "사상과 양심의 자유를 침해한다"는 위헌 판단이 내려진 것이다.

* 사상 및 양심의 자유는 침해할 수 없다.

미야무라 씨는 이 판결을 높이 평가한다. 직무명령을 거부해야 할지, 아니면 신념에 반하는데도 따라야 할지, 중대 기로에 서 있는 교사들의 고뇌를 재판관이 이해해준 거라고 말한다. 현행 헌법을 부정하는 자민당 초안에 준한 개악 교육기본법은 헌법 위반을 법률화한 것이어서 즉각 폐지돼야 한다.

2007년 도쿄지법은 기미가요를 부를 때 기립하지 않았다는 이유로 정년 후 재고용을 취소당한 도립고교의 전 교원 10명의 청구를 각하했다.

'사상검증'으로 교사 사냥

도쿄 공립중학교 마스다 미야코(增田都子) 교사의 자택 우편함에 도교육위원회의 '발령통지서'가 들어 있던 것은 2006년 3월 31일 저녁이었다. 우표가 붙어 있지 않은 것으로 보아 직원이 지바현에 있는 집까지 직접 찾아와 넣고 간 것 같았다.

'지방공무원법 제28조 제1항 제3호에 의해 본직을 면한다.'

면직통지였다. 해당 조문을 찾아보니 '그 직에 필요한 적격성을 결하는 경우'라고 되어 있다. 33년 동안 중학교 교사로 근무했고 두 권의 저서를 집필했으며 학생들이 따르는 교사가 '적격성을 결했다'면 이건 대체 무슨 일인가?

4월, 도교육위원회에 취재를 신청했다.

"분한(分限)면직은 징계면직과 같이 개인의 도의적 책임을 묻는 것이 아니기 때문에 내용은 알려드릴 수 없습니다."(에토 다쿠미 직원과장)

퉁명스러운 대답이 돌아왔다. '히노마루, 기미가요'를 마치 '사상검증'의 수단처럼 휘둘러 교원 처분을 권해온 이시하라 신타로 도쿄지사는 드디어 면직 희생자를 낼 정도로 강권화되고 있다.

마스다 씨는 도쿄에서 중학생들에게 사회과목을 가르치면서 아이 셋을 키웠고 4년 뒤 정년을 맞이하는, 말하자면 평범한 교사다. 나는 직접 만나본 적은 없지만 그녀가 보내준 『중학생 진짜 근현대사』(마스다 미야코 편저, 후키노토서방, 1997)로 그녀를 알고 있었다. 이 책은 제국헌법과 일본헌법, 전쟁 책임의 문제, 영화 '간디' 등을 주제로 학생들이 지상 토론한 과정을 정리한 책이다. 자신의 의견을 글로 쓰게 한 것은 빠르게 반응하거나 웅변적이고 공격적인 재능이 뛰어난 학생이 급우들을 압도하지 못하도록 차분히 상대의 의견을 문장으로 읽고 자신의 의견을 정리할 수 있게 하기 위해서라고 쓰여 있었다. 학교교육에서 근현대사가 경시되는 것이 현대에 대해 제대로 생각하지 못하게 하려는 일종의 음모라고 생각하던 차여서 수업의 성과에 대해 관심을 갖고 있었다.

그 후 마스다 씨는 저서 『교육을 파괴하는 이는 누구인가』(사회평론사, 2004)도 보내왔다.

'연수' 라는 '일근교육'

1997년 1학기 수업에서 마스다 씨는 NHK후쿠오카의 '규슈리포트' 〈후텐마 기지와 후텐마 제2초등학교〉 비디오를 보여주고 의견을 쓰게 한 뒤 프린트해서 지상토론을 했다. 그런데 마침 수업을 받던 미국인 소녀의 어머니가 '반미교육' 이라며 교육위원회에 항의전화를 한 것이다. 모든 수난은 이로부터 시작되었다.

마스다 씨는 다음해 11월 '보호자를 비방했다' 는 등의 이유로 '1개월 치 급여의 10% 감봉' 처분을 받았다. 그러나 학부모가 제기한 명예훼손 소송이 도쿄지법에서는 성립했지만 도쿄고법은 제소 자체가 민사소송법에 적합하지 않아 '부당하다' 고 판시했고, 대법원도 어머니의 상고를 수리하지 않았다.

마스다 씨를 직접 만나보니 서글서글한 성격에 쾌활하고 유머감각이 있는 여성이었다. 면직됐는데도 피해의식은 느껴지지 않았다. 해고는 생활권을 박탈할 뿐만 아니라 자존심에도 상처를 주기 마련이지만, 그녀가 구김살이 없는 이유는 이시하라 도지사 아래 도교육위원회의 너무나도 지나친 행태에 대한 강한 반발심리 때문인 듯했다.

우리 집 가까이에도 그녀 연배의 교원 세 명이 사는데 모두 정년을 남겨놓고 퇴직했다. 이것은 교육현장이 "도저히 못해 먹겠다"는 상황이 되었음을 단적으로 드러내는 현상이다. 말이 나온 김에 덧붙이자면 이웃에 사는 30대 교사는 그다지 정치적으로는 생각되지 않는 서명조차 거부할 정도다.

도교육위원회는 2006년 4월, 도립학교 교직원 회의에서 어떤 사안에 대해 '거수로 결정'하는 걸 금지한다는 통보를 했다. 거수를 하지 못하도록 공문을 내린 것은 전후 교육현장에서 시간과 공을 들여서 정착시킨 '학급 토론'의 성과를 부정하는 처사다. 패전 직후부터 교실에서 거수로 시작한 민주주의를 이제 교장과 관리자의 상의하달 압정의 현장으로 바꾸려 한다. 교사를 정부, 교육위원회, 교장으로 내려오는 명령에 따라 몸을 움직이는 로봇으로 만들겠다니! 이 시대착오적인 '통지'를 지지하는 교사가 있는 것도 도쿄도 교육의 퇴행과 이상 징후를 드러내는 일이다.

교육기본법 개정안이 '민주적이고 문화적인 국가' '세계평화와 인류의 복지에 공헌' 조항을 남기면서도 '이 이상의 실현은 근본적으로 교육의 힘에 기대해야만 하는 것이다'라는 주체적인 관계를 삭제하고 다만 '기원한다'라고만 한 것은 교육 현장에서 민주와 평화의 '보급 철저'를 포기한 것을 의미한다.

마스다 씨는 평화와 관련한 주제를 놓고 토론하면서 상대의 의견에서 배우고 자신의 의견을 확립해가는 수업을 했다. 그런데 미국인과 결혼한 학부모가 반미적이라고 반발한 데 편승한 도교육위원회와 교장, 도의회의 우파 의원들은 이를 절호의 공격 기회로 삼은 것이다. 나는 그녀의 수업이야 말로 교육기본법에 맞는 제대로 된 교육이라고 생각한다. 왜 이런 교육방법이 도교육위원회의 비위를 거슬렀을까? 도교육위원회가 평화교육을 기피하고 있기 때문이며 교육기본법을 바꾸려는 세력과도 연계되어 있어서다.

　두 번의 감봉 처분 뒤 마스다 씨는 연구센터에서 '장기연수'를 받게 됐다. 그녀는 이것을 이중처분으로 규정했다. 감봉은 벌금형이며, 연구센터에 보낸 것은 직장에서 쫓아내 감금상태로 전향을 강요하는 형벌이다. 두 가지 벌을 병합해 처벌하는 행태는 불합리하다.

　국철 분할 민영화를 할 때도 노조활동가들은 '인재활용센터'라는 이름의 수용시설에 보내졌다. 2005년 4월 효고현 아마가사키시에서 발생한 JR니시니혼 탈선·전복 사고에서 명백히 드러난 것처럼, 아직도 노동자 지배에 사용되는 '일근교육'이라는 이름의 '세뇌교육', '사상개조', '전향강요'는 노동자의 인권뿐 아니라 승객의 생명까지 앗아가는 결과를 초래하고 있다.

　이것의 교사판이랄 수 있는 마스다 씨의 장기연수 내용은 좌우가 칸막이로 구분된 책상이 벽을 향해 '디귿자' 형으로 나란히 놓인 방에서 하루 종일 작문을 하는 것이었다. '수업에서 사용되는 교재, 자작교재에 어떤 관점이 중요한가? 유의점은 무엇인가? 인용, 저작권, 개인정보 보호에 대해서도 언급하고 기술하시오.' 이런 작문과제는 이전 수업에 대한 반성문을 쓰라는 것이었다.

마스다 씨는 2년 6개월에 걸친 연수를 받은 뒤 2002년 4월 지요다 구립 구단중학교(당시) 교단으로 복귀했다.

교과서를 비판했다고 면직

2005년 6월 말부터 7월 초순에 걸쳐 마스다 씨는 3학년 '공민' 과목에 자신이 쓴 '노무현 대통령에게 보내는 편지'를 지상토론용 유인물로 만들어 학생들에게 나눠줬다. "일본이 대체 언제, 어디를 침략했다는 말인가?"라는 고가 도시아키 도쿄도의원의 도의회 발언을 인용해 "국제적인 망신이 될 뿐인 역사인식을 득의만만하게 드러내는 것이 우리 일본국 수도의 의회"라고 비판했다.

이어 아시아 침략을 '정당한 전쟁'으로 기술한 '새로운 역사교과서를 만드는 모임' 주도의 후소사판 교과서를 "역사 위조로 유명한……"이라며 호되게 꼬집었다. 이 교과서는 요코야마 요키치 전 도교육장이 지원하고 있지만 이에 대한 지지나 비판 모두 언론의 자유에 속하는 것이다. 그런데 이 유인물을 본 보호자는 또 도교육위원회에 알렸고, 그녀는 보호자·교장과 상담하게끔 됐다.

그 뒤 산케이신문은 '노무현 대통령에게 보내는 편지'를 무단 게재해 파문을 일으켰다. 이 신문은 도립 이타바시 고교의 기미가요 사건 때처럼 대개 우익적 도의원과 보조를 맞춰 도교육위원회 교사 사냥의 첨병으로 나서고 있다.

계고처분이 나온 것은 2005년 8월 30일. 도교육위원회는 당사자인 마스다 씨에게 사전 통지도 하지 않고 갑자기 언론에 발표부터 해버렸다.

'특정의 개인(고가 도의원-인용자)을 비난하는 부적절한 교재를 지요다구립 구단중학교 학생들에게 배부해 수업을 한 데 대해 도쿄도 교육위원회는 동년 8월 30일에 신용실추행위를 이유로 계고처분을 했다.' (2006년 3월 31일자 처분설명서)

신용실추행위는 참으로 편리한 죄목이다. '명예훼손'은 형법에 해당되지만 이것은 너무나 자의적이지 않은가. 이 편지를 '부적절'한 교재로 판정한다면 회수해야 할 텐데 그렇게 하지도 않았다. 철저하지 못하다고 해야만 할까?

"제 개인정보는 모두 다 빠져나갑니다. 도교육위원회가 일부 도의원에게 정보를 흘렸기 때문에 이 건은 '개인정보누설'로 재판 중입니다. 스치야 다카유키 도의원은 제 명예를 훼손해서 다른 재판에서 배상금 35만 엔을 명령받아 지불한 주제에 제가 비판하면 모두 비방 중상이랍니다."

마스다 씨는 웃으며 말했다. 계고처분으로 그녀는 2005년 9월부터 2006년 3월까지 또다시 연구센터에 입소하게 된다. 작문 과제는 '검정이 끝난 교과서를 비판'한 데 대한 반성 등이다. 그녀가 '감시원'이라고 부르는 연수담당 직원은 교대로 방 한가운데 앉아 연수생 6명을 감시했다.

"나이께나 먹은 어른이 화장실 갈 때도 일일이 허락을 받고 갑니다. 이렇게 가슴을 졸여야 하다니 참으로 비참한 일입니다."

'8시 59분~9시 2분 자리를 떴다.' '친구로부터 휴대전화. 어떤 인사(3분 정도).'

표지에 '연수기록'이라고 적힌 담당자 파일에는 마스다 씨의 일거수일투족이 기록됐다. 교도소에도 없을 이상한 감시기록이다.(그녀가 정보공개를 청구하자 검게 덧칠된 채 공개됐다.) 아이를 교육하는 일을 하는 교사에게 이렇게까지 할 필요가 있을까?

'도쿄도 교직원연수센터에서 학습지도법 개선, 교육공무원 자질 향상 등을 목적으로 해서 연수가 명해졌지만 상기처분(계고처분-인용자)을 받은 데 대해 자신의 정당성을 주장할 뿐 반성하지 않고 연수강사 등에게 부적절한 언동을 되풀이하는 등 연수성과는 오르지 않았다.' (동처분 설명서)

도교육위원회는 근현대를 탐구하는 마스다 씨의 '학습지도법'을 '부적절'하다고 치부하고, 정당성을 호소한 것은 교원의 '적격성을 결한다'고 하면서 면직처분을 내렸다. 그녀가 특별히 범죄에 관련된 것도 아니고 단지 도교육위원회의 틀에 맞추어지는 걸 거부했을 뿐이다. 교원에게는 사상, 표현의 자유가 없는 것인가?

2006년 3월 중순 마스다 씨는 미나토구립 오나리몬 중학교로 전근한다는 내시를 받았다가 2주 뒤 전격적인 면직처분을 받았다. 그동안 무슨 일이 있었을까? 주장을 굽히지 않는 그녀를 눈엣가시처럼 생각하는 정치인들의 개입은 없었을까? 연수센터 파견과 작문은 조선소 등 대기업에서 '노조 와해'에 사용하던 수법이다. 마스다 씨에게도 굴복에 의한 사상개조와 교정이 시도됐지만 그녀는 거부했다.

학교가 '말 못하는 공간'이 되면 사회는 얼어붙고 만다.

2007년 2월 도교육위원회 개인정보누설사건의 항소심에서 도쿄고법은 마스다 씨의 개인정보를 스치야 다카유키, 고가 도시아키, 다시로 히로시 등 도의원 3명에게 제공한 것은 '불법행위'라고 1심을 뒤집는 판결을 내렸다.

2007년 4월 도쿄지법은 앞의 도쿄도 의원 세 명이 출간한 단행본 『이런 편향된 교사를 용서할 수 있는가』가 마스다 씨에 대한 명예훼손과 사생활침해가 있다고 판단해 "위자료 76만 엔을 지급하라"는 판결을 내렸다.

기미가요 강요에 침묵으로 저항한 학생들

'졸업식에서 국가제창을 하는데 (졸업생 중) 90%가 자리에 앉아버리는 사건이 일어났다.' (산케이신문 2004년 3월 12일자)

신문에 보도된 도립 이타바시고교(교장 기타즈메 유키오)를 방문한 것은 2004년 4월, 바로 입학식 이튿날이었다. 정문 도로를 따라 심은 벚꽃 가로수 밑으로 분홍색 꽃잎이 무참히 짓밟혀 비에 젖은 보도를 물들이고 있었다. 현관 안쪽에 있는 오른쪽 사무실 창구에 가서 교장선생님을 만나고 싶다고 요청했다.

"지금 경찰서에 가고 안 계십니다. 교감선생님도 함께요."

그런데 안쪽에서 수상한 표정으로 나온 땅딸막한 중년 남성이 바로 경찰에 가 있다던 교감이었다. 실은 경찰관들이 불쑥불쑥 교내에 들어와 조사를 하고 있었던 것이다. 참으로 해괴한 일이다.

"교장선생님 외에는 취재에 응하지 않고 있습니다."

교감의 설명을 듣고 다시 오기로 했다. 경시청 이타바시서는 '위력업무방해' 혐의를 조사하기 위해 이날까지 4번에 걸쳐 수사관 십 수 명을 보냈다. 상황 파악을 한다며 행정직원뿐만 아니라 교원들까지 조사했다고 한다.

"그렇게 거창한 일입니까?"

나는 갸우뚱하며 물었다. 교감은 묵묵부답이었다.

뜻 있는 침묵의 저항

지난 이타바시고교 졸업식. 약 270명의 졸업생 가운데 90%가 착석한 채 기미가요를 부르지 않았다. 이시하라 신타로 도쿄도지사 아래의 교육행정당국은 2003년 10월 23일 도내 전 교장에게 '통지'를 보내 '기미가요 제창'에 철저를 기하도록 명령했다. 각 고교 교장들은 교사한 명 한 명에게 '직무명령서'를 배부하고 여차하면 '처분'을 내릴 태세를 취했다. 하지만 요코야마 요키치 교육장이 3월 16일 도의회 예산특별위원회에서 발언한 것처럼 이타바시고교 사건은 '상상할 수 없는 사태'였다. 졸업생들은 소리를 내지 않은 채 침착하게 앉아 있었다. 의지를 담은 조용한 저항이었다.

요코야마 교육장은 다음과 같이 주장했다.

"교장 등이 제지했음에도 불구하고 전직 교사가 주간지 기사를 복사해 보호자들에게 배부하고, 큰소리로 이런 졸업식은 비정상이라는 주장을 한 것은 졸업식에 대한 중대한 업무방해이기 때문에 법적 조치를 취하겠습니다."

이에 질세라 스치야 다카유키 민주당 의원은 더욱 공세를 폈다.

"많은 학생들이 기립하지 않은 걸 보면 현직 교사 중에도 협력자가 있다고 생각됩니다. 교사들이 자신의 주의주장을 학생들에게 자의적으로 주입하거나 양심의 자유를 강제한 지도의 결과라면 이는 극히 유감스러운 문제입니다. 앞의 교육장 답변에 의거해 이와 관련된 교사는 처분해야 한다고 생각합니다만 견해가 어떠신지요."

요코야마 교육장은 "당연히 처분 대상이 됩니다"라고 맞장구쳤다.

"기립하지도 않고 국가도 제창하지 않았다면 그 반 지도를 담당한 교사는 처분대상이라고 봐도 되겠습니까?"

스치야 의원이 거듭 따지자 교육장은 "조치를 취하겠습니다"라고 단언했다. 교육장의 이 답변을 유도해놓고 스치야 의원은 만족스러운 듯 "큰 진전이라고 생각합니다"라고 덧붙였다. '빨갱이 사냥'으로 역사에 오명을 남긴 조셉 매카시 전 미상원의원을 연상시키는 대목이다. 그 후 요코야마 교육장이 의회에서 답변한 것처럼, 도교육위원회는 이타바시고교 교장과 연명으로 졸업식에서 주간지 복사본을 배부한 전직 교사를 가해자로 한 피해 진정서를 제출했다.

전 교사는 이타바시고교에 7년간 근무했던 윤리담당 후지타 가쓰히사(藤田勝久, 63) 씨. 말투가 거칠어 쉽게 오해를 받기도 하지만 그만큼 학생들에게는 인기가 있었다.

"국가를 제창하세요." 소리 지른 교장 등

졸업식 상황을 재구성해본다.

도교육위원회의 지침대로 체육관 무대 단상 정면을 향해 왼쪽에 일장기(히노마루), 오른쪽에 도쿄도기가 걸려 있다. 좌석의 뒤쪽 반에는 보호자와 재학생이 순서대로 앉아 있다. "졸업생 입장!" 이 소리와 함께 7개 반 졸업생들이 1조부터 차례대로 입장해 앞자리에 앉을 예정이다. 이하는 참석한 보호자들의 이야기를 재구성한 것이다.

졸업생 입장 전 잠깐의 공백시간에 내빈의 한 사람인 후지타 씨가 보호자석 앞으로 나와 「도쿄도 교위가 강요하는 '살풍경한 광경'」이라는 제목의 『선데이마이니치』 기사(2003년 3월 7일자) 복사본을 배포하기 시작했다. 행정당국이 보낸 '통지'로 '기미가요'를 강제로 부르게 된 고교 졸업식의 위기를 호소한 기사다. 앞사람이 복사본을 건네면 보호자들은 익숙하게 옆자리로 넘겼다. 그리고 후지타 씨가 발언을 했다.

"국가제창 때 기립하지 않으면 교직원은 처분을 받습니다. 국가제창 때 가급적 착석을 부탁드립니다."

당황한 교감이 "그만 두라"고 외치며 달려오자 후지타 씨는 "벌써 끝났다"고 대답했다. 감시하러 와 있던 도쿄도 지도주사들의 체면도 있어서인지 교장은 "나가라"고 소리치며 이 내빈을 쫓아냈다. 그래서 그 뒤에 입장한 졸업생들은 현장을 목격하지 못했다. 이어 전교생이 착석했다.

"개회사 순서입니다. 전원 기립해주십시오."

교장이 개회를 선언하고 히노마루가 걸린 연단에서 공손히 내려왔다.

"국가제창!"

사회를 맡은 교사가 큰 소리로 외치는 순간 학생들은 마치 썰물이 빠지듯 일제히 착석해버렸다. 경악한 교장과 교감이 "기립해서 부르세요" 하고 소리를 질렀다. 내빈석에 있던 스치야 도의원까지 "기립하세요!" 하고 소리를 질러대는 통에 때 아닌 중년사내 셋의 고함소리 제창이 되어버렸다.

교감 가까이 앉아 있던 졸업생이 "사상의 자유, 믿음의 자유는 어떻게 되느냐?"고 따져 묻자 교감은 "신념 때문에 앉아 있는 사람 외에는 서세요" 하고 소리를 질렀다. 그러자 산케이신문의 보도처럼 90%가 착석해버렸다. 따라서 그것이 신념의 표명이 되었다.

그래도 피아노 반주가 흐르자 '직무명령' 때문에 어쩔 수 없이 '기미가요'를 제창해야 하는 교사와 보호자, 그리고 재학생들이 일어나 부르기 시작했다. 이 불과 40여 초의 기미가요 강요가 지금까지 교사들의 실직, 자살, 와병 등의 숱한 비극을 낳고 있다.

졸업증서가 수여됐다. 폐회사를 하기 전에 앞을 못 보는 졸업생이 3년간 신세를 진 보답으로 피아노를 연주하고 졸업생들이 노래를 불렀다.

'너는 날아오른다. 한없는 푸른 하늘에.'

고시마 노보루 작사, 사카모토 히로미 작곡의 「여정에 나서는 날에 (旅立ちの日に)」라는 젊은이들 사이에 인기가 있는 노래다. 졸업식은 감동적으로 끝났다.

식이 시작되기 전 TV 카메라 인터뷰에서 "학생들은 꼭 기립해야 한다고 말하겠습니다"라고 강조했던 스치야 도의원도 식장을 나오면서는 "완벽하고 깔끔하게 해냈습니다"라고 말했다. 그런데 그는 학생들의 거부를 '완전 주입된 것'이라고 생각했는지 도쿄도의회에서는 전직 교원의 행위에 대해 "엄하게 법적 조치를 취해야 한다고 생각합니다"라며 강경해졌고, 급기야 현직 교사 가운데 협력자를 색출해 처분해야 한다는 주장까지 하고 있다.

졸업식 중 스치야 도의원이 촬영했다는 증언

문제의 스치야 도의원은 홈페이지에 큰 붓글씨로 "이루자! 도쿄 대혁명"을 내걸고 있는 '혁명가'로 도의회 민주당 8명 동지들과 함께 이시하라 지사를 지지하고 있다. 스스로를 이시하라 개혁을 지지하며 '싸우는 도의회 의원'으로 소개하고 있기도 하다.

이시하라 강권 체제를 지지하며 '싸운다'는 것은 가소롭기 짝이 없는 일이다. 이시하라의 친위대나 돌격대장을 자인하는 것에 다름 아니다.

"교사 신분인 사람에게 양심의 자유가 없다고 말하진 않습니다만……."(앞서 도의회)

'양심의 자유'를 소극적으로밖에 인정하지 않는 이시하라 지사는 교원 처분 남발을 포함한 도교육위원회의 대처를 '학교교육의 적정화'와 '도쿄 대혁명'의 수단으로 삼고 있다.

스치야 도의원에게 전화를 걸었다. 모르는 르포작가와는 이야기하고 싶지 않다고 정치인답지 않게 뒤로 물러났지만 그래도 신경이 쓰이는지 "어디에 게재됩니까?" 하고 물어왔다.

"『주간금요일』, 그런 하찮은 잡지! 국가, 국기에 반대하는 잡지에는 말할 수 없어요."

"제가 히노마루, 기미가요에 반대한다고는 아직 말하지 않았습니다."

"그런 잡지에 쓴다면 뻔하지요. 그럼." 찰칵.

내가 스치야 도의원에 전화를 한 것은 졸업식 때 사회자가 휴대전화를 끄도록 안내했는데도 도의원이 식 도중에 휴대전화로 식장 사진을 찍더라는 증언을 몇 사람이 했기 때문에 그걸 확인해보고 싶어서였다.

도교육위원회는 졸업식에서의 히노마루, 기미가요를 둘러싸고 이미 200명의 교사 처분을 발표했다. 기미가요를 거부하자 갑자기 '재고용'을 거부당한 어떤 퇴직교사는 "옛날 같았으면 조사에서 처분까지 3개월은 걸렸을 텐데……"라며 어처구니없어 했다. 완전히 말이 필요 없는 막가파식이라고나 할까.

'기미가요' 제창을 사상검증의 수단으로 삼은 '도쿄 대혁명'의 졸속 행정이 소중한 졸업식을 치르고 싶었던 학생들의 반발을 샀다. 낡은 권위와 가치관의 강요가 새로운 세대의 집단행동을 낳기 시작했다. 이것이 졸업식의 교훈일 것이다. 만약 스치야 도의원의 요구대로 전 교사를 체포하면 그날부터 '교육'을 '강권'이라고 바꿔 말하는 편이 나을 것이다.

도쿄지검은 2004년 12월 전직 교원을 '위력업무방해' 죄로 기소해 2005년 4월부터 도쿄지법에서 재판이 시작됐다. 피고가 된 후지타 가쓰히사 씨는 날조된 범죄를 만든 검찰에 두려움과 노여움을 느낀다고 말했다. '공안검찰 횡포'의 시대로 되돌아갔다.

교원노조 교사 전원을 학교에서 쫓아내다

1년 반 정도 전의 일이다. 그 무렵 도쿄 미타카(三鷹)시에 살고 있던 이 르포의 연재 담당 편집자가 하루는 역 앞에서 유인물을 받았다고 가져왔다. 거기에는 다음과 같이 쓰여 있었다.

다이세이(大成)고교는 대혼란입니다!!

다이세이고교(미타카시)는 신임 이사장과 교장의 새 교육방침으로 교내 분위기가 어수선해져 제대로 수업을 받을 수 없는 학생이 전학하는 사태에까지 이르렀습니다. 저희들은 다이세이고교의 건전화를 목표로 올해 3월 노조를 결성했습니다. 그러나 신임 이사장과 교장은 노조를 파괴하기 위해 본교 규정에 의한 위원회와 이사회를 열지 않고 노조 부집행위원장을 9월 1일 개학식 후 일방적으로 해고했습니다.

23년간 수업과 클럽활동을 열심히 지도해온 교사를 돌연 해고하고, 하루도 지나지 않아 신임 교장은 교사의 개인사물을 포함한 모든 물건을 직접 철거해버렸습니다. 이튿날부터 정문에 경비원 여러 명을 배치해 출근을 막은 폭거에 대해, 신임 이사장과 교장에 붙은 3명을 제외한 교사 전원이 부당해고 철회 서명을 했습니다만 전혀 받아들이지 않고 무시하고 있습니다.(이하 생략)

이른바 사립고교 해고 사건이다. 그 후 담당자가 이사를 가버려 사태가 어떻게 진행되고 있는지는 파악하지 못하고 있었다. 처음 그 이야기를 들었을 때는 마음에 걸렸지만 1년 반이나 지나기도 했고, 학교 일이었기 때문에 해결됐으리라 생각했다. 그래도 마음이 쓰여 편집자가 유인물을 받았을 때 메모해두었던 여교사에게 연락을 취해보았다. 그런데 뜻밖에도 아직까지 쟁의가 계속되고 있었다. 집행위원장을 포함한 여성 2명, 남성 8명 모두 10명의 조합원 전원이 학교 측으로부터 '노무제공수령거부' 라는 명목으로 출근정지, 학교 부지 내 출입금지 처분을 받았다고 한다.

참 이상한 일이다. 교사도 노동자임에는 틀림없지만 다름 아닌 교육의 장으로 자리매김하고 있을 학교 측에서 새삼스럽게 가르치는 일을 일컬어 '노무제공' 이라고 말하는 것은 너무나도 생뚱맞다. 더구나 노사쟁의 중 경영자 측이 일방적으로 '출근정지, 출입금지' 를 취하는 것은 선제적 직장폐쇄(노조원의 근무를 금지하는 것)로서 명백한 '위법행위' 다. 경영자의 '전가의 보도' 인 직장폐쇄는 어디까지나 노조 파업에 대한 방위적 수단이어야만 하고 선제공격은 부당노동행위인 것이다. 경영자가 이런 강경한 수단을 취한다면 노조 활동은 존립할 수가 없다. 노조를 전면 부정하는 것에 다름 아니다.

교육계 미증유의 대사건

미타카시에 가서 우에키 요코 위원장 등 4명의 조합원을 만나보았다. 모두 노동조합 같은 것은 처음인 것 같았다. 아무 데도 의지할 곳이 없다는 게 첫인상이었다. 이분들의 이야기를 듣고 의외였던 것은 모두 비상근강사로 수년 정도 근무한 뒤 전임교사로 임용되었다는 점이다. 얼마나 어려운 과정인가. 그로부터 이십여 년 교사로 근무해온 경력이면 베테랑이라고 해도 과언이 아닐 것이다.

엉망이 된 학교라는 오명을 씻기 위해 이 베테랑 교사들이 중심이 되어 예의범절 지도와 동아리활동에 각별한 정성을 쏟아왔다. "더 나은 학교를 만들고 싶다"는 것이 노조결성의 동기였다고 한다. 학생 수 대략 900명. 여기에 대해 전임교사는 2004년 1월 현재 27명뿐이다. 그 외는 기간제 계약강사가 7명, 비상근강사가 12명, 촉탁이 4명. 이 가운데 수업과 동아리활동의 중심을 이루는 전임교사 27명의 40%를 점하는 조합원 10명 전원에게 '노무제공수령거부'라는 명목으로 선제공격을 가한 것이다. 신년연휴가 끝나고 3학년 대입시험을 앞둔 3학기 벽두에 갑자기 일어난 일이었다.

"선생님을 학교로 돌려 달라 졸업생 70명 가두시위"

아사히신문이 4단 사진과 함께 실은 기사(2005년 2월 17일자)다. 앞서 『선데이

ⓒ이다 히로유키(伊田浩之)

122

노조활동을 이유로 해고된 다이세이고교 교사들이 학교 앞에서 항의시위를 벌이고 있다.

마이니치』의 제목은 "아이들 비통한 외침 '선생님을 돌려주세요'"
였다.

　이것은 교육계에 있어 미증유의 대사건이며 너무나도 비교육적인
조치다. 요즘에는 중소기업에서조차도 사례를 찾기 힘든 노골적인 노
조 깨기다. 학교 측은 교육문제 따위는 둘째고 우선은 노조를 깨야겠
다는 일념밖에 없는 것이다. 노조 문제로 학기 중 담임을 쫓아내는 것
만큼 비상식적인 일이 또 있을까. 2005년 3월 29일, 학교 측은 출근정
지 조치를 다시 1년 더 연장했다. 3월 14일, 노동위원회가 노사쟁의를
더 이상 악화시켜서는 안 된다는 권고를 내렸지만 학교 측은 이를 완
전히 무시했다. 다이세이고교의 교사 대량처분에 관한 문서는 역사적
으로도 귀중한 자료라고 생각하기 때문에 약간 길지만 전문을 인용하
고자 한다.

1. 1월 4일부터 3월 31일까지 맡아오던 반 담임, 수업담당, 동아리
   활동 고문 등의 직무로부터 해임한다.
2. 1월 4일부터 다이세이고교의 부지(주차장 포함)에 출입하는 것
   을 금한다.
3. 학생과 보호자에 대해 지도·지시·조언 등의 행위를 금한다.
4. 이 기간에 고용관계는 계속되기 때문에 급여는 지불하지만 이
   미 지불이 끝난 교통비는 스스로 정산해 반납해야 한다.
5. 고용관계는 계속되기 때문에 학원의 명예를 훼손하는 행위는
   허용하지 않는다.
6. 학원의 연락에 상시 응할 수 있도록 한다.
7. 이 조치는 처분이 아니다. 징계처분에 대해서는 추후 검토하도

록 한다.

8. 담당하고 있던 반의 수업 계획과 동아리활동 예정·공식시합 일정 등을 문서로 우송해야 한다.

고용관계는 계속된다면서 '징계처분'으로 위협하고 다시 1년씩이나 출근을 금지하고 항의행동 등을 트집 잡아 '징계처분'을 내릴 기회를 노리고 있다. 이것이 자기생활을 희생하면서까지 아이들과 함께 동아리활동을 해온 교사들에게 보답하는 '조치'인가.

노조결성 반년 후 부위원장 해고

문제의 발단은 2003년 9월 2학기 개학식 뒤에 이루어진 T교사의 해고였다. 그는 당시 50세로 노조부위원장이었다. 해고 사유는 '체벌 사실을 인정하지 않은 것'이었다. T교사는 23년 5개월간 이 학교에서 근무하며 농구부 고문으로 방과후뿐만 아니라 휴일과 봄·여름·겨울방학도 반납하고 연습이나 시합 때 학생 인솔에 헌신해왔다. 분명 T교사의 체벌은 사실이며 용인할 수 없는 것이라 할지라도 상해사건이 된것은 아니었다. 조합 측 문서에 따르면 피해자 부모는 "저도, 아이도 교장한테 이용당했습니다. T선생(본문은 실명)을 해고한다는 말은 듣지 못했습니다. 갑자기 해고하는 게 이상합니다"라고 말했다 한다.

체벌에 대해 곧바로 해고 처분을 한 것은 온당치 않다고 비판하자이 학교 나카무라 가즈히코 이사장은 "체벌을 인정하지 않은 것은 교사의 자질을 현저히 결격하는 것으로 판단했습니다"라고 설명했다. 그러나 노조는 체벌이 밝혀진 뒤 40일이나 지난 시점에서 교장이 상벌위원회에 올리려 하지도 않고 일방적으로 조사한 것을 T교사가 거부했는데 이것이 체벌을 인정하지 않은 것으로 곡해됐다고 반박하고 있다.

해고는 생활의 어려움뿐만 아니라 인간의 자존심에도 큰 상처를 준다. 노사 관계에 있어서도 가장 민감한 문제다. 따라서 다이세이고교에서도 해고는 학교 측과 교직원 동수로 구성하는 '상벌위원회'에서 본인의 해명을 청취하고 협의하여 결정한다고 정해져 있다. 그 절차를 밟지 않고 이사회에서도 논의되지 않은 부당해고라는 게 노조의 주장이다.

노조결성 반년 후에 나온 해고 공격이었다. 학교 측은 '고용관계부존재 확인'을 요구하는 소송도 냈다. 막무가내의 공격이 있고 난 후, 이사평의원과 논의할 것과 해고 철회를 요구하는 서명에는 세 명을 제외한 모든 교사가 응했다.

도노마에 야스오 교장은 전임 학교인 도립 하치오지히가시고교 교장이었을 때 '교사일동'으로부터 고압적이고 인사이동이 자의적이라고 비판당했다고 기술한 『도립고교는 죽지 않는다』(쇼덴샤신서)의 저자다. 노조와는 심하게 대립해온 인물로서 그 책에서는 교장에 대한 협력 정도에 따라 교사를 세 그룹으로 나눠 대처했다고 적고 있다. '새로운 으뜸 경영에 곧바로 유연하게 대응, 협력할 수 있는 사람'이 제1그룹. '지금 나에게 저항하는 세력'인 제2그룹은 '얼굴은 학생을 향해 있고 학생들을 위해 시간을 아끼지 않는 이들도 많다'고 분류하고 있다. 이번에 노무제공거부처분을 받은 이들은 이 그룹에 속한다. 그에게 있어 협력하지 않는 자는 바로 적이다. 제3그룹은 '투쟁의 상대'로 '하여튼 관리 받는 것을 싫어하고 자신의 신분과 권리를 소중히 생각하는 교사'가 해당된다고 적고 있다.

명백한 교원노조 깨기

창립 백년이 넘은 학교에 처음으로 노조가 결성된 시기가 나카무라 이사장이 민간 기업에 있다가 2002년 취임한 다음해였다는 점도 시사하는 바가 크다. 이사장은 취임 후 교장, 교감, 주임을 모두 교체했다. "임기가 끝났다"며 전(前)교장을 해임하고 후임으로 도노마에 교장을 초빙했다.

"도노마에 교장의 요청으로 올해 과감한 교사 증원을 행하는 바이며 내년에도 상당수 증원을 예정하고 있습니다. 또한 노파심에 덧붙이자면, 당 학원의 재정기반은 반석과도 같으며 보호자로부터 기부를 받는 일은 없습니다. 따라서 그 점에 대해서는 염려하지 않으셔도 됩니다."

이사장이 홈페이지에 쓴 글이다. 노조원은 안중에도 없다는 식이다. 노조 깨기에 13명이나 되는 변호사 이름을 열거하고 그래도 재정기반은 반석이라고 호언하고 있다. 돈 이야기를 하자면, 지난해 말 일시금 지급 때 조합원은 최대 18% 삭감 사정을 하고 그 재원으로 비조합원은 6.5%나 인상했다. 더욱이 올해 4월 학교 측은 노조활동을 이유로 조합원 10명에 대해 총액 1억 2천 500만 엔의 손해배상청구소송을 제기했다.

"경영자라는 것만으로 이 정도의 폭거가 허용돼도 좋을까요?"

조합원들은 비통하게 호소하고 있다. 나는 나카무라 이사장에게 "교육 현장에서 이런 사태가 일어난다는 것은 지극히 비정상적인 일입니다. 조속히 화해해서 분쟁을 해결하는 게 어떻겠습니까?"라고 제언했다.

취재 후 편집부에 팩스 한 장과 내용증명서가 날아들었다. 동석했던 이를 포함한 변호사 4명이 연명해서 보낸 것으로, 신중하게 쓰라는 내용이었다. 견제구일 터인데, 40년 넘게 취재를 해왔지만 처음 당하는 일이다. 그런데 더 우습게도 수취인 '주간금요일'의 주간을 週刊이 아닌 週間으로 잘못 쓰고 편집장 이름도 틀리게 썼다. 폭투라고 해야만 할까.

이 사건은 노동자의 권리와 보도의 자유에 대한 인식이 사회적으로 완전히 희박하게 되어버린 일본의 현상, 바로 지금 슬퍼할 수밖에 없는 실례다.

2005년 9월 도쿄지법 하치오지 지부는 T교사의 해고를 무효로 하는 판결을 내렸지만 학교 측은 항소했다. 또 조합원에 대한 손해배상 청구에 2천만 엔을 추가해 모두 1억 4천 500만 엔의 지급을 요구했다.

4장
군국주의의 추억

역사를 왜곡하는 야스쿠니의 전쟁박물관

석양을 받아 검고 긴 그림자를 드리우며 고개 아래 거리를 짓누르는 듯 위압적으로 서 있는 야스쿠니(靖國) 신사 대(大) 도리이(鳥居)* 의 실루엣은 왠지 볼 때마다 답답함을 느끼게 한다. 신사가 경내에 운영하고 있는 유취관(遊就館)이 고이즈미 준이치로 효과와 함께 요즘 각광을 받고 있다. 도대체 무엇을 전시하고 있는지 한 번 구경해보고 싶었다.

*신의 영역과 바깥세상을 구분하는 두 기둥으로 이뤄진 문.

2005년 11월 중순 이 연재를 담당하고 있는 젊은 편집자가 약속장소로 정한 곳은 '야스쿠니 신사 도리이 아래'였다. 그 말을 듣는 순간 나도 모르게 신음이 새어나왔다. "야스쿠니 신사에서 만나자"는 말은 전쟁터에서 병사들이 서로 죽음을 다짐할 때 쓰는 서약의 말이기 때문이다. '야스쿠니의 어머니', '야스쿠니의 아내' 등의 미담 이면에도 이 큰 도리이의 실루엣이 드리워져 있다.

도리이 쪽으로 다가가자 그 밑에 가방을 어깨에 멘 노신사 하나가 누군가를 기다리는 듯한 표정으로 서 있다. 평화유족회 전국연락회의 니시카와 시게노리(78) 대표다. 니시카와 대표의 형 시즈오 씨는 24살에 미얀마에서 병사했다. 그러나 유골은커녕 유품조차 돌아오지 않았다. 니시카와 대표와 함께 유취관을 둘러보는 것이 이번 호의 주제다. 그런데 편집자는 시간이 되어도 나타나지 않는다. 휴대전화를 걸어보니 역시 젊은 사진기자와 함께 '배전(排殿)' 앞 제2도리이 앞에 있다고 한다.

전쟁을 체험한 세대에게 야스쿠니는 '대 도리이'다. 전쟁을 경험하지 않은 20대는 고이즈미 효과 때문인지 야스쿠니라면 배전을 떠올린다. 이러한 단절에 야스쿠니 신사의 역사의 중단이 드러나고 있는지도 모른다.

패전하던 해 초등학교 1학년이던 나는 시골마을에서 살았는데 거기서도 야스쿠니 분사인 호국신사 큰 도리이 앞을 지날 때는 반드시 모자를 벗고 머리를 숙여 절을 했다. 그렇게 하도록 교육을 받았기 때문이다. 원래 군국주의 추진 기관이던 야스쿠니 신사는 전후에 폐지되었어야 마땅했다. GHQ(점령군총사령부)에겐 당연한 일이었고 일본 내에서도 전쟁에 반대했던 사람들은 물론 이시바시 단잔 같은 보수파 인사들조차 공공연히 야스쿠니 신사 폐지를 주장했었다. 그런데도 존속된 것은 천황제 폐지가 국민을 혼란케 한다며 천황제를 존치시킨 것과 같은 이유였을 것이다.

패전하기 전 야스쿠니 신사는 육해군 관할이었다. 육군대장이 궁사(宮司)*를 맡았다. '군신'과 '영령'을 신으로 모신 곳이었으니 평화시대가 되면 천황이 그랬던 것처럼 위엄 있는 '신'의 지위에서 풀어줘야 개인적인 감정을 가식 없이 드러낼 수 있을 것이다.

* 신사의 우두머리 신관

신사는 전쟁이 끝나자 육해군 관할에서 벗어났다. 민간인이 궁사가 되고, 종교 법인으로서 일반 종교단체와 다를 바 없는 지위가 됐다. 따라서 총리와 장관, 국회의원이 일부러 참배하는 일이 특정 종교에 대한 지원으로 받아들여지는 것은 당연한 일이다.

정의의 전쟁과 영령

도리이를 지나니 참배로 한가운데 거대한 좌대에 서서 주변을 노려보는 것이 있다. 바로 오무라 마쓰지로 동상이다. 일본식 겉옷인 통소매의 하오리 차림에 허리에는 크고 작은 두 자루의 칼을 차고 손에는 쌍안경을 들고 있다. 근대 일본육군의 창설자인 오무라는 천황의 거처인 황거(皇居)와 가까운 이곳에 초혼사(招魂社, 야스쿠니 신사의 전신) 설치를 결정했다. 그 뒤 오무라는 교토에서 피습당할 때 입은 부상이 원인이 되어 사망했다. 암살되었는데도 모셔지고 있다고 니시카와 대표는 설명했다. 대좌에 새겨진 시문에는 '진도(震悼)'라고 쓰여 있다. 그의 죽음에 대한 메이지 천황의 충격을 나타낸다고 한다. 야스쿠니 또한 메이지 천황이 명명한 것이다. 전쟁 중에는 동상 아래에 대포 8문이 배치되어 있었다.

혼잡할 정도는 아니지만 관광객들이 몰려와 사진을 찍고 있다. 그 사이를 빠져나와 본전 옆으로 가보니 갖가지 전우회의 명찰이 붙은 벚나무를 길가에 가지런히 심어놓았다. 헌목이다. 배전 옆도 그러했지만 이들 전우회가 야스쿠니를 받쳐주는 네트워크이기도 하다. '헌병의 비' '해군경리학교 포석' 따위도 있다.

이어 니시카와 대표가 안내한 곳은 '초혼재정(招魂齋庭)'. '영령'을 본전에 합사하기 전에 맞아들이는 '초혼식'을 행하는 '정역(淨域)'이지만 지금은 주차장 한쪽 구석으로 쫓겨나 있다. 니시카와 대표는 '정역'마저 관광객용 주차장으로 만들어버린 '상업주의'를 보여주려 했던 것 같았다. '유취관' 입장료는 어른 800엔. 입장권에는 가미카제 특공대의 자살공격에 사용된 제로전투기(해군영식함상전투기) 사진

ⓒ김승일

야스쿠니 신사가 경내에서 운영하는 전쟁박물관 유취관에 전시 중인
태평양전쟁 전몰군인들의 영정

이 큼직하게 인쇄되어 있다.

　메이지 15년(서기 1882년) 개관한 일본 최초이자 가장 오래된 군사박물관 유취관은 때때로 그 모습을 바꾸면서도 언제나 변함 없는 것이 있습니다. 하나는 순국 영령을 위령 현창(顯彰)하는 것 이며 또 하나는 근대사의 진실을 명백히 하는 것입니다.

입구에서 나눠준 팸플릿에 적힌 안내문이다. 박물관 앞에는 대포, 고사포, 함포, 포탄 등이 정렬되어 있고 관내에는 폭격기와 전차, 인간 어뢰, 특공로켓 등이 장식돼 있다.

　유취관에는 일본의 국난을 맞아 야스쿠니 신사의 신이 되신 전 몰자들의 유품과 전쟁 관련 물건들이 전시되어 있습니다.

야스쿠니 팸플릿에 있는 글이다. '신들의 일을 영원히 전하기 위 한' 전쟁박물관이라는 것이다. 전사하면 신이 된다는 사상이 성립하 려면 그 전쟁이 정의의 전쟁이라는 게 전제되어야 한다. 영령, 군신, '명예의 전사'라고 말할 경우 죽음은 전쟁에 의해서, 전쟁은 죽음으로 정화되는 셈이다. '악의 전쟁' '침략전쟁'이 아니라고 해야 그 죽음에 의미가 부여되는 것이다. 니시카와 대표는 '유취관'은 "일본의 모든 전쟁을 자위전쟁이라고 말하고 있다"고 비판했다.
　야스쿠니 신사와 그 부속박물관인 '유취관'의 키워드는 '국난'이 다. '제신: 막부 말 유신 이래 대동아전쟁에 이르기까지 국난을 맞아 목숨을 바친 영령 246만여 주'라는 기술도 있다. 일본의 모든 전쟁은

'국난'에 맞선 전쟁이었으며, 죽은 사람은 영령으로서 야스쿠니에 모셔진다. 살아 있는 신, 즉 현인신(現人神)으로서 강대한 힘을 가진 천황이 그 영혼을 위로한다는 게 바로 국민에게 강요된 전시 이데올로기였다. 쇼와 천황은 54회나 '행차' 했다고 신사 자료에 나와 있다. 신문(神門) 양쪽에 붙어 있는 거대한 황금색 국화문장이 야스쿠니 신사와 천황제의 관계를 단적으로 드러내고 있다.

그러나 여기에 봉해진 것은 군인뿐만이 아니다. 5만 7천여 주의 여성과 초·중학생도 포함되어 있다고 한다. 그들은 전쟁터에 파견된 구호간호사, 사할린의 마오카 전화국에서 자결한 여성 전화교환수, 쓰시마마루에 승선했던 소개 아동들이었다. 그 외에도 군수공장에 징용됐다가 폭사한 동원학도, 연합군에 처형된 1천명에 이르는 전범들이 있다. 게다가 종군기자와 사진기자도 합사되어 있다.

그렇다면 각지의 공습에서 사망한 일반시민과 어떻게 구별할 것인가? 그 경계선은 극히 애매하다. 더 큰 문제는 기독교인 등 '신도(神道)'*를 믿지 않는 사람들과 당시 조선, 대만 등의 구 식민지 사람들이다. 거부하더라도 본인의 의사

* 일본 고유의 다신교 종교

와 상관없이 합사해버리기 때문에 영혼의 강제수용이고, 본인의 동의를 얻지 않은 합사인 점에서는 군사국가에 의한 납치인 것이다.

절대 패배하지 않는 사관

유취관 내 전시실은 일·청전쟁, 일·러전쟁, 만주사변, 지나사변* 등 시대별로 구분이 되어 있다. '일·러전쟁 파노라마관'에서는 군함 행진곡이 울려 퍼지고 있다.

* 중·일전쟁의 일본 표기

'지나사변'에 대해서는 '노구교의 작은 사건으로 중국 정규군이 불법으로 일본군을 공격'했다고 표기하는 등 적반하장의 엉터리 논리로 기술하고 있다. 내가 가장 놀란 대목은 중국침략전쟁을 '만주·소련 국경 분쟁'으로 제목을 붙이고 그 당시의 몇 가지 작전을 기술해놓은 것이었는데, 각각 '진출', '정략', '독단반격' 등으로 표현하면서 침략을 정당화하고 있었다.

1939년에 일어난 노몬한 사건에서는 소련전차 위에서 승리의 만세를 부르짖고 있는 일본병사의 사진이 장식되어 있다. 마치 일본군의 승리를 기념하는 사진처럼 보이는데 실제는 소련군의 기계화 부대에 의해 일본군이 완전 궤멸된 사건이었다. '근대사의 진실을 밝힌다'는 것이 '유취관'의 정신이라고 한다. 하지만 져도 이겼다고 말하고 싶은 대본영(大本營) 발표의 희화는 '근대사의 왜곡'에 지나지 않는다.

이어지는 전시실은 '대동아전쟁, 피할 수 없는 전쟁'이다. 미국이 '자원이 부족한 일본을 금수조치로 압박해 개전을 강요한다'고 서술하고 있다. 참고 참다가 끝내 조직의 존망을 걸고 떨쳐 일어나는 야쿠자 영화의 줄거리와 흡사하다.

노몬한 사건 전시에서도 잘 표현되어 있는 것처럼, 전체적인 전시 내용이 아이가 용을 쓰며 허세를 부리는 식으로 '일관'하고 있다는 느낌이 들었다. 작전 '실패'는 있지만 절대 '졌다'는 표현은 쓰지 않는다. 특공사관, 옥쇄사관이기도 하다. 예컨대 정글에서 아비규환의 지옥도가 된 뉴기니 작전은 '인간의 한계를 넘은 고투를 견디며 …… 끝까지 싸운 작전이다. 이 작전에서 발휘된 숭고한 인간성은 …… 많은 일화를 남겼다'고 기술하고 있다. 오키나와 작전에서는 '(전함) 야마토 휘하의 수상함정도, 항공기도, 대전차공격의 육탄부대도 특공이 되어 돌진했다'고 서술하고 있다. 국제적으로 고립된 상황에서도 잘 싸웠다는 점을 강조한다.

이렇게 하는 것은 해마다 전국에 있는 유족들에게서 받아 '야스쿠니의 신들' 방에 붙이는 전사자 초상사진에 보답하기 위해서인가? '영혼'을 모시기 위해서는 패배한 전쟁임을 자인해서는 안 된다고 생각하는지도 모르겠다.

오키나와 작전 코너에는 오키나와 사람들이 거세게 비판하는 우시지마 미쓰루 사령관의 초상사진과 군복이 장식돼 있다. 미군 침공 사진도 없고, 수용소 주민의 모습도 없으며, 집단자결 강제에 대한 언급도 없다. 오키나와 사석(捨石) 작전*의 비참함을 전하는 것은 아무것도 없다. 주민을 아랑곳하지 않는 관점, 이거야말로 바로 군대의 관점이다.

> * 미군의 일본 본토 상륙에 앞서 오키나와 지상전에서 미군에 타격을 줘 시간을 버는 한편 항복협상에서 천황제 유지를 인정받으려던 작전. 오키나와 민간인의 1/3이 학살과 자결로 희생됐다.

만약 야스쿠니 신사가 평화를 바라고 전몰자 등 전쟁희생자의 진혼을 위한다면 과오를 명백히 밝히고 두 번 다시 그 과오를 되풀이하지 않겠다는 맹세를 해야 한다. 진정 유족의 고통을 달래고 고인에 대한 기억을 소중히 간직하며 전쟁 억제를 원한다면, 과거에 대해서는 모른 척 눈 감아버리고, 침략당한 아시아 사람들의 목소리는 어디에도 없는 놀이공원이나 도깨비상자 같은 시설부터 없애야 할 것이다.

이라크전 반대 유인물까지 처벌하다

자위대 다치카와 기지는 '스나가와 투쟁'의 기억과 강하게 결부되어 있다.

1955년 미군의 요구로 제트기 이착륙을 위한 기지 확장이 추진되자 스나가와 마을(현 다치카와시) 농민들은 반대동맹을 조직해 토지 매수에 저항했다. 조달청(현 방위시설청)이 농지 강탈을 위해 강제 측량에 나서자 농민들이 울분 끝에 내뱉은 "땅에는 말뚝을 쳐도 마음에 말뚝을 박을 수는 없다"는 명언이 노동자, 학생들의 가슴에 불을 질러 전국에서 지원자가 몰려드는 대투쟁으로 발전했다. 2천 명이나 되는 경찰이 동원되고 상황이 유혈사태로 비화되자 조달청은 결국 측량을 중지할 수밖에 없었다. 이 투쟁은 체포된 사람들에 대한 재판에서 "안보조약은 위헌, 전원 무죄"라는 명쾌한 판단을 내린 '다테 판결'*을 이끌어낸 것으로도 유명하다.

스나가와 투쟁의 영향을 받은 1960년의 안보투쟁은 한층 대중화된 운동으로 발전했고, 농지를 지키려는 농민들의 실력투쟁은 1970년대 나리타공항 반대투쟁으로 이어졌다.

> * 다테 아키오 판사가 일 · 미 안보 조약에 의한 미군 주둔은 무력 보유 금지와 전쟁 포기를 명시한 평화헌법 위반이라고 판결.

도쿄 다치카와 기지는 다이쇼시대(1912~1926) 육군비행장으로 건설됐다. 다른 미군기지와 마찬가지로 패전 후 미군이 접수한 뒤 확대되었다. 농민들의 저항에 부딪혀 확장에 실패한 다치카와 기지는 인근 요코타 기지로 이전했다. 이에 따라 한국전쟁 이후 요코타 기지는 오키나와 가데나, 아오모리현 미사와 기지와 함께 베트남전, 걸프전, 아프간전, 이라크 침공을 지원하는 역할을 해왔다.

1959년 3월 다테 판결은 '(미합중국이) 전략상 필요하다고 판단할 때에도 당연히 일본 역외로 군대를 출동시킬 수 있고 그때 일본이 제공한 국내 시설, 구역은 물론 미합중국 군대의 군사행동을 위해서 사용되는 것이며, 일본이 자국과 직접 관계가 없는 무력분쟁에 말려들어 전쟁의 참화가 일본에 미칠 가능성이 전혀 없다고는 할 수 없다' 고 판단했다. 일본을 방위한다는 명목으로 미군이 주저앉아 이곳에서 다른 나라 민중의 대량학살에 나설 수 있다고 판단한 다테 판결도 설마 일본 스스로 자위대를 파병하는 사태가 벌어지리라고는 예상치 못했을 것이다.

한편 검찰의 비약 상고를 받은 대법원은 일 · 미 안보조약이 "위헌인지 그 여부를 판단할 수 없다" 는 애매한 입장을 취하며 피해나갔다.

파병하지 않았으면 체포도 없었다

요코타로 옮겨가버리고 남은 미군기지 부지의 자위대 주둔 반대 운동은 1972년에 시 전역에서 일어났다. 이번에 형사탄압을 받은 '다치카와 자위대 감시 천막촌' 이 기지와 가까운 공원에 모습을 드러낸 것은 이때부터다. 34년에 걸쳐 자위대와 맺게 되는 인연의 시작이었다고 할까.

그동안 극소수 시민이 참가했던 '천막촌' 이 방화를 당한 적은 있었지만 자위대 관사에 유인물을 뿌리다 체포되는 일은 없었다. 언론, 표현, 정치활동의 자유는 일본 헌법으로 오랫동안 보장돼왔기 때문이다.

천막촌 남녀 세 명이 체포된 것은 자위대 제1진이 이라크에 파견되고 1개월 후인 2004년 2월 27일이었다. 파병이 없었다면 체포도 없었을 것이다. 출발하는 자위대원을 겨냥한 반전호소에 힘이 실리면 파병은 불가능해진다. 그것은 고이즈미 정권뿐만 아니라 부시 정권에도 타격을 주게 된다.

자위관, 가족 여러분께
자위대 이라크 파병 반대! 함께 생각하고 반대합시다!

이것이 2004년 1월 17일 자위대 선발대가 이라크를 향해 출발한 다음날 자위관 관사 우편함에 넣은 것을 이유로 체포 · 기소당한 유인물의 제목이다. 2003년 10월부터 12월까지는 3회에 걸쳐 우편함에 넣은 적도 있다. 1월 17일 배포한 유인물에는 이렇게 쓰여 있다.

자위관 여러분은 "명령이기 때문에"라고 말하기 전에 그 명령
이 무엇을 의미하는지 하나하나 따져봐야 합니다. 그리고 납득이
가지 않는 파병에 반대의 목소리를 함께 냅시다!

조직에 속한 자위관과 그 가족들에게 전쟁터에 가지 말라는 호소는 헛된 일이라고 생각할지도 모른다. 하지만 결코 그렇지 않다. 파병 자체가 위헌이기 때문에 팔짱을 끼고 있을 수만은 없다. 이라크에 가는 병사들이 그 나라에서 살인을 돕지 않도록 우리는 자위관의 양심을 환기시킬 필요가 있다. 명령을 의심하는 병사가 없다면 학살을 막지 못할 것이기 때문이다.

내가 이 사건에 분노한 것은 단지 우편함에 유인물을 넣었을 뿐인데 득달같이 달려들어 범죄행위로 만들어버리는 암흑국가 같은 행태에 대해서이다. 경찰은 왜 유인물 배부에 대해 체포장을 청구했는가? 어째서 법정은 이를 추인하고 발부했을까? 또 왜 75일이나 되는 구류를 인정했을까? 검사는 왜 기소했을까? 구형은 징역 6개월. 마치 중대범죄라도 되는 양 6곳에 걸쳐 가택을 수색하고 천막촌과 관계된 시민운동의 정보를 수집했다. 탄압이라고 표현해도 결코 지나치지 않을 이 체포사건은 경시청 공안부원이 자위대 관사에 나가 '피해 진정서' 작성을 대행하고 공안형사가 기소해 이뤄졌다는 것이 공판에서 밝혀졌다.

공안형사들의 폭주를 보며 떠오른 것은 1906년 11월 『평민신문』의 후신인 『히카리(光)』에 오스기 사카에가 번역해서 실은 프랑스 주간지 『라 나루시』의 글 「신병 제군에 고한다」였다.

…… 제군은 비판과 사상의 자유를 빼앗기고, 드디어 전제주의의 무기가 되어 일개 살인기계로 변하고 말았다. …… 모든 전쟁은 죄악이며 항상 전제자와 사기꾼을 이롭게 하는 데 불과하다. 고로 나는 과감히 말한다. 결코 희생양이 되지 말라. 천한 노예가 되는 것을 그만두라. 학살자에게 절연의 선고를 내리라. 그리하여 제군 자신의 생명을 보호하는 데 노력하라.

오스기는 겨우 A4판 신문 상단 2단 크기의 번역문으로 인해 금고 4개월 형을 언도받아 스가모 감옥에 수감됐다. 신문지조례법 위반이었다. 지금은 노골적으로 표현의 자유를 억누르지는 못하니까 '주거침입죄' 같은 그럴듯한 죄목을 덮어씌운다.

2004년 12월 도쿄 지방법원 하치오지 지부(재판장 하세가와 겐이치)는 "유인물을 우편함에 넣는 행위는 헌법 21조 1항이 보장하는 정치적 표현활동의 한 형태이며 민주주의 사회의 근간을 이루는 것"이라고 판시했다. 지금까지 오랫동안 관사 내 유인물 배포를 불문에 부쳐오다가 갑자기 검거해 형사책임을 묻는 것은 '표현의 자유'로 볼 때 의문이라는 것이다. 나는 이 판결을 지지한다.

그러나 상업적 선전 유인물보다 정치적인 선전 유인물은 우월적 지위가 인정된다는 판결과 '미디어에서 날마다 볼 수 있는 여러 가지 반대 의견에 비해 내용면뿐만 아니라 표현면에서도 그다지 과격한 것은 아니고', '자위대 그 자체에 대한 비판이 아니라 자위대 이라크 파병의 정부정책을 직접 비판하는 것이기 때문에 …… 자위관에 대한 혐오감 유발 등의 부당한 의도를 가지고 있다고 보기에는 근거가 빈약하다'고 유인물의 내용을 분석해 판단을 내린 데에는 심한 거부감을 느꼈다.

법원은 '죽이는 것도, 죽임을 당하는 것도 자위관입니다'라는 표현이 과격하다고 인정했다. 과격한 표현이란 무엇인가? 자위대원을 비판하면 가택침입죄를 구성하는 일이 되는지 의문이다. 예컨대 '신병 제군에 고한다' 식의 표현이었다면 문제가 된다는 것인가? 그렇다면 현재의 언론인들이 메이지 시대의 언론탄압으로 되돌아가지 않겠다는 결의가 지나치게 약한 것은 아닐까?

'주거침입' 혐의로 잇따른 체포, 구류

무죄판결 일주일 후 이번에는 도쿄 가쓰시카구의 한 아파트 공용 복도를 걸으며 공산당 선전물을 집집마다 우편함에 넣던 A씨가 주거침입죄 혐의로 체포돼 20일간 구류를 산 뒤 기소됐다. 마치 검찰 측이 법원의 무죄판결에 대해 도전하는 것처럼 비쳤다. 주거침입이라니! 문을 열고 들어간 것이 아니고, 노크를 해서 공포감을 준 것도 아니다. 재해와 대형사고가 발생하면 나도 주택가 대문 초인종을 눌러 취재를 한다. 이것도 주거침입이라 할 것인가?

이보다 2개월 앞서 아이치현 경찰 공안3과는 미쓰비시 자동차의 오카자키 공장 폐쇄 문제로 전봇대에 포스터를 붙인 A씨를 체포해 11일간 구류를 살게 했다. A씨는 노조 서기로서 도요타시에서 노동운동과 주민운동을 계속해온 인물이어서 공안형사라면 모를 턱이 없다. 명백한 표적수사였다. 나도 그가 붙인 포스터의 집회에 연사로 초청받았기 때문에 아주 관계가 없지는 않았다.

다치카와 유인물 사건에서도 나는 이라크 파병을 위헌으로 제소한 원고 가운데 한 사람이며, 도쿄 지법 법정에 나가 구두변론도 했다. 법률대리인은 천막촌 체포사건의 우치다 마사토시 변호사였다. 또 나는 문제가 된 유인물에 기재된 '미군 병사, 자위관 인권 핫라인' 지지인의 일원이기도 하다. 이 유인물이 유죄라면 이라크 파병에 반대하고 있는 나 또한 유죄인 것이다.

가쓰시카와 다치카와 유인물 사건을 주거침입으로, 도쿄 이타바시 고교 졸업식 기미가요 사건은 위력업무방해로 기소를 당했는데 이 모든 사건을 기소한 이는 사키사카 세이지 검사였다.

다치카와 역 인근에 있는 오래된 아파트에 '천막촌' 사무실이 마련되어 있다. 사무실 벽에는 스나가와 투쟁에서 싸웠던 스나가와 농민 미야오카 마사오 씨의 영정이 걸려 있다. 그 또한 자위대 파병은 상상조차 하지 못했을 것이다. 그 사진 아래에서 오보라 도시유키(48), 다카다 유키미(32), 오니시 아키히로(32) 씨와 사건에 대한 이야기를 했다. 구립중학교 조리사인 오보라 씨는 체포되는 바람에 출근을 못해 동료들에게 폐를 끼쳤다고 했다. 다카다 씨와 오니시 씨는 신체장애자 도우미 일을 하고 있는데 역시 동료들의 도움을 받았다.

"체포되던 날 아침 경찰과 방송국 카메라가 함께 왔어요. 마치 흉악범 취급이었습니다."

다카다 씨는 당시를 이렇게 떠올렸다. 경찰이 조작한 정보대로만 보도할 뿐 체포의 의미를 생각하지 않고 표현의 자유 침해에 대해서도 아픔을 느끼지 않게 된 TV는 흉기일 뿐이다. 다카다 씨가 묵비권을 행사하자 취조관은 "다치카와의 부랑아", "기생충", "운동을 그만두고 다치카와에서 떠나라"고 협박했다. 경찰은 오니시 씨 어머니의 개호보험 수급까지 트집을 잡았다. 밀실에서 자행하는 인신공격은 인권유린이다. 취조라기보다는 노골적인 '운동 파괴'다. 태평양 전쟁 전과 마찬가지로 일본 경찰에 민주주의는 없다.

2005년 12월 도쿄고법(재판장 나카가와 다케다카)은 원심을 파기하고 유죄를 선고했다. 지법 판결은 "침입은 형사 죄에 해당하지 않는다. 그보다 언론의 자유가 소중하다"고 판단했지만 고법은 언론의 자유를 '가벼운 죄'와 상쇄해버렸다. 그러나 두 판결 모두 유인물을 받은 자위관의 사상의 자유에 대해서는 관심을 기울이지 않았다. 나카가와 재판장은 '민주주의보다 질서'가 우선한다고 생각했겠지만 유인물도 배부할 수 없게 되어버린 사회에 대한 책임을 도대체 어떻게 질 것인가?

지금부터 대법원의 판단이 주목된다. 오니시 씨 등은 오늘도 이라크전쟁 반대 유인물을 배포하고 있다.

독가스 섬에서 국민휴가촌으로

히로시마현　오쿠노시마(大久野島)는 미하라시 산바시에서 23분, 바로 맞은편 다케하라시 다다노우미에서는 불과 12분 만에 닿는 섬이다. 전후 '독가스 섬' 으로 알려진 구 일본 육군의 비밀공장이 JR구레(吳)선의 차창에서도 평온한 섬으로 보이는, 마치 손을 뻗으면 닿을 듯한 세토나이해의 작은 섬에 있었다는 것에 나는 허를 찔리는 듯했다.

전쟁 도중 지도에서 지워졌던 '지옥의 섬' 이 지금은 지리적 이점을 살려 '선 셋 아일랜드' 를 구가하는 '국민휴가촌' 으로 변모해 각지에서 관광객을 모으고 있다. 이는 1945년 8월 패전을 전후로 전쟁과 평화의 두 시대가 동전의 앞뒷면처럼 이어진 것을 보여주는데, 특히 이 섬은 또 하나의 '히로시마' 로서 점차 중요한 존재가 되고 있다.

95인승 소형 고속정으로 미하라항에서 출발해 오쿠노시마 부두에 도착하니 전쟁 때 독가스 공장에서 근무했던 무라카미 하쓰이치(79) 씨와 그 역사를 전하는 시민운동을 하고 있는 야마노우치 마사유키(60) 씨 두 분이 다다노우미항에서 기다리고 계셨다. 지난해 가을 '다케하라시 인권센터' 집회에 초청을 받은 뒤 주최 측은 나에게 오쿠노시마에 가볼 것을 권유했었는데, 직업상 대개는 남의 이야기를 잘 듣는 걸 신조로 하고 있어 방문하게 된 것이다.

과거에 공장 숲에서 뿜어내던 매연으로 뿌옇던 섬의 하늘은 한없이 맑았다. 공장 터는 테니스코트가 되고 아이들을 데려온 관광객들이 한가로이 거닐고 있었다. 하지만 내게 이 섬은 일본이 중국에 저지른 전쟁범죄를 재인식시킨 곳이었다.

이번에도 두 분이 안내를 해주었는데 무라카미님은 워낙 정정하셔서 섬을 방문하는 학생들 앞에서 '해설사'로서 자신이 체험한 역사를 전하고 있다. 아내 시즈요 씨와 함께 '독가스섬역사연구소'를 운영하면서 자료를 모으고 있는 야마노우치 씨는 우리가 섬에 도착하기 바로 전날 중국 허베이성 호쿠도촌에서 막 돌아온 참이었다. 이 마을은 1942년 5월 27일 독가스가 뿌려지고 마을 안팎에서 대략 1천 명이 학살된 것으로 알려진 곳이다.

나는 부둣가 독가스자료관 앞 벤치에 앉아 먼저 야마노우치 씨의 설명을 들었다. 다케하라시 출신인 야마노우치 씨는 고등학교 사회교사로서 히로시마, 나가사키, 오키나와에서 일어났던 전쟁의 참상을 가르쳐왔다. 하지만 731부대의 실체가 명백히 밝혀지기 전까지는 오쿠노시마에서 독가스를 제조하기는 했지만 '(실제) 사용하지는 않았다'는 지역에 유포된 속설에 현혹됐었다고 한다. 적극적으로 학생들에게 설명하게 된 것은 15년 전부터다.

1999년 2월 기미가요 제창 강요를 둘러싼 세라 고교 교장 자살사건*에 나타난 것처럼 히로시마현 교육위원회의 강권화에 따라 평화교육은 '편향교육'이 되고 '시정교육'의 광풍만이 휘몰아치고 있다. 야마노우치 씨

는 지금까지 자신이 해온 교육을 부정할 수가 없어 2004년 정년 1년을 남겨두고 퇴직해 지금은 자원봉사로 섬의 역사를 전하는 것을 업으로 삼고 있다.

야마노우치 씨가 호쿠도촌을 방문한 것은 이번이 세 번째다. 1997

년에 '삼광작전조사회' 조사단과 동행해 북경에서 차로 4시간 정도 거리인 호쿠도촌을 방문해 마을주민들의 소리를 처음으로 들었다. '삼광(三光)작전'은 '모두 죽이고, 태우고, 빼앗는' 일본군의 잔악한 작전이다. 그 피해를 입은 호쿠도촌에, 저항하다가 희생당한 사람을 기리는 '열사능원'과 기념당이 전쟁 후 건립됐지만 문과 벽이 심하게 파손돼 복구가 필요한 상황이었다. 야마노우치 씨 등은 조그마한 보상 차원에서 모금운동을 벌여 복구비 일부를 건네고 온 참이었다.

항일유격대는 한참 뒤에 일어난 베트남전쟁 때 미군에 맞선 게릴라전처럼 동네 안의 지하도를 이용해 일본군과 싸웠다. 1942년 5월 27일 이른 아침 호쿠도촌을 포위한 일본군은 지하에 있는 참호를 발견하고 '붉은 통'으로 불리던 디페닐시안아루신(재채기성 독가스)을 뿜어냈다. 달아날 곳 없는 유격대원이 지상으로 올라오면 총검으로 찔렀다.

일본군은 지하에서 쫓겨나와 아직 숨이 붙어 있는 사람들의 팔과 다리를 나무에 묶고 목에 밧줄을 묶었습니다. 그러고서는 군용견이 습격하게 했어요. 군용견이 배를 물어뜯고 장까지 끄집어내 잔혹하기 이를 데가 없었습니다. 내가 실제 이 눈으로 직접 목격한 상황입니다."(『호쿠도촌의 일본군 독가스 참상』, 삼광작전조사회편)

살아남아 일본에 온 이덕상 씨의 증언이다. 오쿠노시마에서 생산된 붉은 통은 '적색1호'로 불리는 독가스였다. 당시 스무 살로 유격대 대장이었던 이씨는 구만주에서 일한 적도 있어 서툰 일본말을 할 수 있었다. 그 때문에 구사일생으로 사지를 탈출할 수 있었던 것이다. 여자들은 집단성폭행을 당한 후 살해되었다고 한다.

국제법 위반인 독가스 병기

무라카미 씨가 다다노우미초 소학교 고등과를
졸업한 것은 '기원 2600년'*이라며 억지를 피웠던
1940년 3월이었다. 14살에 '양성공' 제1기생이 됐

* 일본서기에서 초대 진무 천황
이 즉위했다는 기원전 660년을 원
년으로 삼아 태평양 전쟁 개전 초
인 1940년을 2600년이라고 선전.

다. 정식 명칭은 '도쿄제2육군조병창기능자양성소 다다노우미 분소'.
공무원과 같은 신분인 육군 '군속'으로 3년간 월사금 면제로 공부할
수 있고 졸업 후에는 기사 혹은 기술자 신분이 보장됐다. 양성공은 집
이 가난하고 성적이 우수한 학생들에게 하나의 진로였다.

오쿠노시마에서 독가스 생산이 시작된 것은 그 11년 전부터로, 불
황이 한창이었을 때였다. 노동자 80명 모집에 6천 명이 응모했다고 전
한다. 독가스는 '황군병기', '인도적 병기'로 불렸다. 무라카미 씨 등
이 사용한 교과서 『화학병기의 이론과 실제』(육군대좌 나카무라 다카토
시, 육군기술본부 출간)에는 '화학병기 인도(人道)론'으로 다음과 같이
기술되어 있다.

병기의 목적은 적의 전투능력을 감쇄하는 것이다. 이를 위해서
는 적병을 억지로 죽일 필요는 없고 오히려 부상자를 많이 내서 가
급적 제1선 참가 군인을 줄이는 것이 좋다. 왜냐하면 1명의 전사자
는 적의 전투원 1명을 잃는 데 지나지 않지만 1명의 부상자는 이를
간호하기 위해 여러 명의 적병이 필요하기 때문이다.

잔악병기인 지뢰사용과 같은 논리다. 또 이런 주장도 있다.

가스는 확산되어 광범위하게 부상자를 내는 특성을 가지고 있
지만 일시 중독을 일으킬 뿐 곧 회복되기 때문에 치사율이 극히 낮
다. 이것은 확실히 인도적이며, '황군병기'라고도 한다.

독가스는 1890년 헤이그조약에서, 다시 17년 후인 1907년 제2차 헤
이그조약에서 국제적으로 사용이 금지됐다. 하지만 1차 세계대전에서
조약을 깨고 사용했기 때문에 1925년 제네바의정서도 유명무실하게
됐다. 일본이 비준한 것은 45년 후인 1970년이 되어서였다. 일본은 전
쟁 중에 비밀리에 연구·생산을 계속했다. 오쿠노시마에서 생산된 것
은 이페리트(황색1호, 미란성 독가스), 루이사이트(황색2호, 미란성
독가스), 청산(밤색1호, 중독성 독가스), 디페닐시안아루신(재채기성
독가스), 염화아세트페논(녹색1호, 최루성독가스) 5종류였다.

공장에 들어간 뒤 신입사원 교육의 일환으로 독가스 공장을 돌고
있으려니 한 나이든 노동자가 "너희 같은 애들이 어떻게 이런 공장
에……" 하면서 놀란 표정을 짓던 일이 아직도 기억에 생생하다. 그 늙
은 노동자는 가스에 그을려 안색이 검붉었는데, 하여튼 그 이상한 얼
굴색과 '방독면 장착' 주의 표시가 붙은 공장에서 고무 문어 인형처럼
방독면을 착용하고 고무방호복을 입은 노동자의 모습은 소년에게 극
한 공포심을 일으켰다. 서약서에는 '비밀엄수'와 함께 20년간 본인 사
정에 따른 퇴직을 하지 않는다고 적혀 있었다.

무라카미 씨는 가스제조 현장이 아닌 주물공장에 배속돼 기계공이
되었기 때문에 살아남을 수가 있었다. 그렇지만 때때로 열이 나서 의

무실에서 진료를 받기도 했다. 급성기관
지염으로 진단을 받았는데 열이 38℃ 정
도가 되면 의무휴가 3일이 주어졌다. 독가
스 후유증으로 만성기관지염이 생기면 기
침이 멈추지 않거나 폐괴저 혹은 암으로
발전해 숨지게 된다.

언젠가 주물원료인 선철을 용선로에
넣을 때 선철에 이페리트가 남아 있었는
지 왼쪽 팔에 수포가 생기고 표피가 찢어
져 분비액이 3주 이상 멎지 않았던 적이
있다. 용접공 등 공장노동자 중에도 가스
피해를 입은 사람이 많았다. 무라카미 씨
처럼 가스제조 공장에서 일을 하지 않아
도 제각각 피해를 당했던 것이다. 1929년
부터 패전하던 1945년까지 16년 동안 남
녀 도합 5천 명이 일했다고 추정된다.
1985년에 건립된 위령비에 수습된 사람들
은 1989년 현재 1천 662명이나 된다.

가해의 책임과 어떻게 마주할 것인가

오쿠노시마는 전후 미군에 의해 접수
된 뒤 한 차례 반환되었지만 1950년 한국
전쟁 때 재접수되어 탄약 창고 및 탄약 처

ⓒ이다 히로유키(伊田浩之)

태평양 전쟁 당시 비밀리에 독가스를 제조했던 오쿠노시마에서 규모가 가장 큰 독가스 저장시설.

리장이 됐다.(1956년 반환) 청일전쟁 후 포대가 3곳에 걸쳐 건조된 이래 이 섬은 전쟁의 역사로 점철되어 왔다고 할 수 있다. 1988년에 전쟁의 비참함과 평화의 소중함, 생명의 중요함을 계속 전하자는 취지로 현과 다케하라시, 인근 시·정·촌, 독가스 장애인단체가 협력해 독가스자료관을 건립했다. 무라카미 씨가 관장으로 취임하고 산증인으로서 당시 상황과 노동자의 피해를 설명했다.

어느 날 수학여행을 인솔해 온 교사 한 명이 "독가스 제조의 비참함은 알겠습니다만 독가스를 사용한 전쟁에 대해서는 왜 이야기하지 않습니까?"라는 질문을 했다. 이것이 무라카미 씨에게는 아픈 충격을 주었다고 한다. 피해자 의식에만 너무 젖어 있었다는 걸 깨닫게 된 것이다. 분명 독가스 제조로 많은 노동자가 상처를 입고 사망했다. 그러나 그 손으로 만든 가스탄이 중국 대륙에 엄청난 수의 사람을 살상하고 지금까지도 고통을 주고 있다. 중국에 버려진 독가스탄은 200만 발로 알려져 있다. 방치된 것이 터지기도 해서 지금도 새로운 피해자가 발생하고 있다. 하지만 회수와 처리는 진행되고 있지 않다.

히로시마와 나가사키가 핵전쟁의 비참함을 나타내는 너무나도 불행한 증거라 할지라도 그것은 아시아 침략의 결말이기도 하다. 바다에 무단으로 투기하고 섬 방공호 속에 은폐한 독가스탄은 아직도 섬 안에서 망령처럼 피해를 발생시키고 있다. 그러나 중국에서는 실제로 사용하고 매설한 독가스탄이 지금도 피해를 낳고 있어서 가해의 책임으로부터 벗어날 수가 없다. 일본군이 저지른 가해에 대해 가공할 만한 두려움을 느낀다.

히로시마와 오쿠노시마, 피해와 가해는 동전의 앞뒷면과도 같다.

5장

전국의 오키나와화

전국을 기지로 만드는 미군기지 재편

가노야(鹿屋)시 상공에서 해상자위대의 소형 연습기와 대형 대(對)잠수함 헬리콥터가 쉴 새 없는 폭음을 내며 선회하고 있다. 언덕에 올라 시내를 바라보니 콘크리트의 거대한 공백지대가 겨울 풍경을 갈라놓듯 시가지 일부를 차지하고 있는 모습이 눈에 들어왔다. 가노야 항공기지다. 크고 둥근 지붕이 격납고 건물이다. 때마침 약간 땅딸막한 모양의 대잠초계기가 긴코(錦江)만을 향해 펼쳐진 활주로로 진입해 들어왔다. 주기장에도 같은 기종의 비행기가 4~5대 있는 것이 보였다.

가노야 기지는 시가지에 있는 공항이다. 오키나와 후텐마 기지처럼 주택가가 바로 붙어 있는 절박감이 없는 이유는 농촌도시의 한가로운 풍경 탓인 것 같았다. 그래도 연습용 헬기가 날아다니고 초계기의 엔진 테스트 소음이 끊이질 않아 후텐마보다 더 시끄럽게 느껴졌다.

가고시마현의 끝 오스미 반도에 있는 인구 10만 6천여 명의 가노야시에 오키나와 후텐마 기지에서 미군의 공중급유기가 이전해 온다는 소식이 전해진 것은 2005년 10월. 양국 외무·국방장관이 참석한 '일·미 안전보장협의위원회'(2+2)가 워싱턴에서 개최된 후였다.

시민들 사이에 거센 반대 움직임이 일어났다. 시장이 선두가 된 반대집회도 열렸다. 공중급유기 12기가 더 이전해 오면, 그렇지 않아도 P3C초계기 18기와 헬리콥터 소음 때문에 인내를 강요당하고 있는데 그에 더해 모두 30기의 소음 고통을 당해야 한다. 더욱이 미군 부대 이전으로 300명이나 되는 미군이 옮겨온 뒤부터는 치안에 대한 불안감도 컸다.

진주만 공격을 위한 훈련을 행한 곳

가노야시는 과거 해군 가노야항공대 기지로서 역사의 비극인 특공대 마을이었다. 이 기지는 1934년 7월 갑자기 농민들의 토지를 몰수해 건설됐다. 땅에서 쫓겨난 농민은 비행장 건설현장과 해군 군수창 노동자가 되었다.

이 기지는 1937년 8월 중국 난징으로의 '도양(渡洋)폭격'과 초기 '충칭(重慶)공습' 출동으로 널리 알려지게 된 곳이다. 그 뒤 가고시마만을 진주만으로 가상한 기습공격 훈련기지로 사용되기도 했다. 연합함대 사령장관 야마모토 이소로쿠 대장의 지시를 받은 가노야 항공대 참모장이자 '특공대의 아버지'로 이름을 남긴 오니시 다키지로 소장이 시부시만에 정박해 있던 제1항공함대의 겐다 미노루 참모 소좌를 가노야 기지로 불러 미 해군 '야습' 작전 계획을 훈련하도록 엄명을 내렸다. 이에 따라 가노야 기지를 출발한 공격기가 해면에 닿을 듯이 날아가 건너편 기슭 가고시마시에 침입해 어뢰를 투하한 뒤 급상승해 모함으로 귀환하는 맹훈련을 실시했다. 저공침입은 마당에 널어놓은 빨래를 날려버릴 정도여서 '가고시마 시민들을 혼비백산하게 만들었다'(가노야시사)고 전해진다.

11월이 되자 맹훈련은 끝나고 대략 400여 대의 군용기는 항공모함에 탑재돼 자취를 감췄다. 65년 전 12월 8일 미 태평양 함대의 진주만

기지를 기습공격하고 일본 궤멸에 이르는 일·미 개전을 준비한 곳이 바로 이 기지였던 것이다.

미국과 전쟁이 시작되자 필리핀 공격, 말레이시아 근해전, 싱가포르 작전 등 동남아시아 작전을 수행하기 위해 바로 이곳에서 남태평양의 섬들로 진격을 했고, 패색이 짙어가는 1945년 2월부터는 오키나와 근해의 미군 함정을 향해 젊은이들을 돌격시킨 것도 바로 이곳에서였다. 살아 돌아올 수 없는 출격을 명령받은 특공대원은 4천여 명이나 되었다고 한다. 이 가운데는 폭격기에 묶인 로켓 폭탄에 올라타고 적함에 몸을 부딪치는 '오우카(櫻花)대원'*도 있었다.

> * 일본이 1944년 개발한 유인 유도식 미사일. '인간폭탄'으로 불렸다.

이 기지 한 곳에서만 1천여 명의 특공대원이 목숨을 잃었다. 인근 구시라 특공기지에는 300여 명, 그 외에도 가사노하라, 미야자키 비행장에서도 날아갔다. 저쪽 편 사쓰마반도 지란초 특공기지에서는 439명이 죽었다. 이것만으로도 젊은 목숨을 죽음으로 내몬 전쟁의 전모가 보이는 듯하다.

1945년 1월 1일부터 가노야시가 미군의 공습에 노출되면서 희생자는 특공대원뿐만 아니라 일반인으로 확대됐다. 9월 3일 오키나와 방향에서 비행기 두 대가 나타났다. 특공대원이 사지로 떠나갔던 그 활주로에 미군의 더글라스 DC3 수송기가 도착했다. 미 육해공군 병력 3천 명의 진주가 시작된 것이다.

1950년 8월 자위대의 전신인 '경찰예비대'가 발족하고 3년 뒤 '가노야 항공대'가 창설돼 비행훈련을 시작했다. 경찰예비대가 해상자위대로 개칭한 것은 1954년 7월이다.

미군이 쥐고 있는 자유재량권

패전 60주년인 2005년에 드러난 제1미군기지의 재편 정책 가운데 중요한 것은 일본 주둔 미군사령부와 제5공군사령부가 설치되어 있는 도쿄 요코타 미군기지에 항공자위대 항공총대사령부와 관련 부대가 이전하여 일·미 공동으로 통합운용조정소를 신설하는 것이다. '운용조정' 이라고 해도 정보는 미군이 쥐고 있기 때문에 지휘체계에 미군이 우월한 것은 의심할 여지가 없다. 더욱이 항공자위대뿐 아니라 육상자위대까지 미군 지휘 하에 들어간다. 워싱턴주의 '미 육군제1일군단사령부' 가 가나가와현 캠프 자마로 진주해 육상자위대 중앙즉응집단사령부와 통합함으로써 일·미 육상전투부대사령부는 일체화된다.

미군 사령부의 일본 진주는 미군 세계 전략의 전환을 나타낸다. 이 변화와 일본 자위대는 깊이 연계되어 있다. 미국은 일본과 미국의 군사일체화로 세계 패권 전략을 진행하고 있고 일본은 항상 바보처럼 뒤따르는 역할을 맡고 있다. 미국의 전략을 지탱해주는 용병이기도 하다.

미군에 의한 자위대 사령부의 통제는 '집단적 방위' 의 길을 닦는 것으로 전쟁을 포기한 평화헌법을 위반하는 것이다. 전쟁을 하지 말아야 할 자위대가 미군의 지휘 하에 들어갈 까닭이 없다.

일본 주둔 미군의 강화책으로 나고시 헤노코 '신 미군기지' 건설이 추진되자 오키나와 주민들의 끈질긴 저항을 부른 것과 마찬가지로 오키나와와 가까운 가노야 기지에 후텐마 기지의 일부 이전이 추진되자 이를 반대하는 가노야 시민운동도 일시에 끓어올랐다.

일·미 각료가 작성한 '주일미군재편에 관한 중간보고'에 따르면 후텐마 기지의 헤노코 이전에 따라 후텐마의 공중급유기(KC-130)는 야마구치현 이와쿠니 미군기지로 옮기게 되어 있었다. 그런데 이와쿠니 기지에는 가나가와현 아쓰기 미군기지의 항공모함 탑재기 57대가 이전하기로 되었기 때문에 이와쿠니의 부담을 줄이기 위해 가노야가 희생양이 됐다. '중간보고'에는 'KC-130의 다른 이전 예정지로 해상자위대 가노야 항공기지를 우선 검토한다'고 명기돼 있다. 서로 연쇄적으로 물고 물리는 식이다.

가노야 시장과 시의회의장은 방위청과 방위시설청을 찾아가 "지역에 한마디 설명도 하지 않고 느닷없이 이전안을 공표하는 정부의 추진방식에 항의한다"며 반발했다. 이에 대해 누카가 후쿠시로 방위청장관(당시)은 가노야 시청을 방문한 자리에서 "소음 등의 문제를 최소한으로 억제하도록 노력하겠다"는 알맹이 없는 대답으로 시종일관했다.

그런데 미군 측이 가노야로 급유기를 일괄 이전하는 것은 운용 면에서 비효율적이라고 판단했는지 상주하지 않고 훈련용 활주로로 사용하기로 방침을 바꿨다. 오키나와뿐 아니라 어느 비행장이나 언제든지 자유롭게 사용할 수 있는 '자유재량' 즉, '본토의 오키나와화'가 미군의 속셈이었던 것이다.

나의 고향인 아오모리현 쓰가루시의 항공자위대 기지에 미군은 안테나를 이전한다는 명목으로 아무런 저항도 받지 않고 옮겨왔다. 미사와에 이은 새로운 미군기지 건설이다. 그런데 실제는 미군을 겨냥한 북한의 대포동을 잡는다는 미군의 미사일방위(MD) 계획의 일환으로 미사일 요격용 안테나(X밴드 레이더)가 설치(강력한 전자파 영향이 우려되고 있다)된 것이다. 북한의 대포동 미사일 북새통을 틈타 미국

태평양 전쟁 당시 특공대 기지였던 해상자위대 가노야 항공기지.   ⓒ이다 히로유키(伊田浩之)

의 신 기지가 제멋대로 들어온 것이며 이는 '미군 재편'의 본질을 잘
말해주고 있다.

미군기가 앞장서 야간비행훈련

가노야 공중급유기 이전 소동이 일어난 뒤 가고시마현 내 몇몇 지
역에서 프로펠러 4기를 갖춘 군용기가 초저공으로 침입했다는 신고가
경찰서와 소방서에 쇄도했다. 주일미군사령부는 이를 취재한 『미나미
니혼(南日本)신문』 보도진에게 당시 주변을 비행한 기체가 있었던 것
을 인정했다고 한다. KC-130기의 가노야 이전을 내다보고 야간비행
데이터 수집과 파일럿 적응훈련을 했다고 추정된다.

이전은 백지화됐지만 해상자위대 가노야 기지 활주로를 마음대로
사용하는 훈련을 그만두지 않는 미군에 절대 반대라던 가노야시 구시
라의 농민 우에야마 하지메(70) 씨. 그는 부인 지요 씨와 함께 무균돼
지(SPF) 700마리 정도를 사육하고 있다. 소음의 영향을 걱정했지만 무
균돼지 새끼를 받아내 6개월 만에 110kg까지 비육시켜 출하하는 것은
현내에서도 드물었다고 한다.

전시에는 밭을 구시라 특공기지에 몰수당했다가 전쟁이 끝나고 되
돌려 받았다. 해군 비행하사관학교 예과훈련생들이 주변 민가에 자주
놀러 왔다고 한다. 우에야마 씨는 10대의 어린 병사가 출격할 때 날개
를 흔들어 신호를 주면서 지붕 위를 날아가던 장면을 아직도 기억하고
있다. 이 주변 사람들이 미군에 거부감을 나타내면서도 자위대에 친근
감을 갖고 있는 것은 사지로 떠나간 소년병에 대한 기억 때문인 것 같
았다. 기지가 있었기 때문에 몇 번에 걸쳐 공습을 당하는 피해를 입었

다 할지라도 그렇다는 것이다.

돼지도 소음에 민감하지만 닭도 마찬가지여서 폭음 소란으로 닭이 대량 압사한 적도 있다. 농업으로 생활을 영위하면서도 돼지나 소 사육에 있어서는 일본에서도 손꼽히는 가노야시 사람들은 소음을 유발하는 공중급유기에 완강하게 반대하고 있다. 요코이 사쿠라 씨와 후루사토 나오미 씨는 조지 부시 미 대통령에 편지를 보내 이렇게 요구했다.

"일본 정부를 더욱 불신하게 만드는 막무가내식 군사기지화 추진을 그만두기 바랍니다."

부시한테서는 아직 답장이 없다.

"미군기지 반대" 바다 위 목숨 건 저항

모처럼 오키나와 헤노코(辺野古) 바다를 내려다보니 과거 해안이었던 곳에 새로운 길이 생기고 콘크리트로 만든 소형 어선용 암벽과 물양장이 펼쳐져 있다. 어느새 초소 바로 앞에 있던 해안이 매립된 것이다. 미로에 빠진 듯한 불안한 기분이 들었다. 촌로들이 모여 있던 '감시 초소'는 어디 있을까. 눈대중으로 둘러보니 뒤편에 기를 세워놓은 채 건재하다. 암벽에 묶여 있던 1t 정도의 선외기선은 언뜻 보면 지역 어민의 것으로 보이지만 각각 '경계선' '작업선' 등의 명패가 붙어 있어 '공사관계자'가 임차한 것임을 알 수 있다. 어협이 기지 건설공사에 찬성해 협력하고 있다고 한다.

암벽을 향해 배 한 척이 다가오는 것이 보였다. '해상기지는 필요 없다'고 쓰인 황색기가 바람에 펄럭였다. 해상에서 경계활동을 하던 이들이 저녁식사를 하기 위해 돌아오는 것이다. 쉰이 넘은 아담한 사내 하나가 기타를 옆구리에 끼고 접안한 배로 뛰어가더니 상륙한 6명의 남녀를 축하하려는 듯 기타를 퉁기며 노래를 불렀다.

헤노코 바다에 기지는 필요 없다.
헤노코 바다에 기지는 필요 없다.
헤노코 바다를 지키자!

사내는 붉은 머리띠를 매고 기타 밑에는 '후텐마 기지 철거 헤노코 신기지 단념 시굴조사 저지'라고 쓴 보드용지를 고무테이프로 붙여 놓았다. 오키나와 포크싱어 개척자라고 할 수 있는 마요나카 신야 씨 였다. 이곳은 오키나와뿐만 아니라 일본 각지에서 온갖 사람들이 모여든다.

먼저 헤노코 촌로들이 전쟁체험에 비추어 기지 건설에 반대하고 연좌농성을 시작했다.(2005년 6월 하순 현재 2천 700일째다.) 지금은 오키나와 본토의 시민, 학생, 노동자들의 지원이 잇따르고 있다. 사전지질조사를 저지하기 위한 연좌농성은 430일을 넘겼다. 신문사 여론조사 결과 오키나와 현민 80%가 반대하고 있다고 한다. '제네콘'(종합건설회사) 등 건설공사로 돈을 벌려는 이들은 소수에 불과하다.

암벽에 설치된 텐트에 지역주민들이 조직한 '생명을 지키는 모임'(헬리포트 건설저지 협의회)의 긴조 유지 대표가 계셨다. 이 모임이 1997년 1월에 결성된 것은 일·미특별행동위원회(SACO)가 후텐마의 대체 기지를 '캠프 슈와브' 근해로 이설한다고 발표한 1개월 뒤였다.

캠프 슈와브는 탄약고와 세균전, 화학전용 저장고를 포함한 미 해병대 종합훈련장으로 헤노코의 주거지를 에워싸고 있다. 따라서 주민들로서는 새 기지 건설을 받아들일 수가 없었다. 어쨌든 지역에서 목소리를 높여보자며 반대운동 경험이 없는 이들이 앞장서 '생명은 보배다'라는 슬로건을 걸고 저지운동에 나섰다.

"전쟁은 갑자기 오지 않아요. 몇 년에 걸쳐 옵니다. 늘 있어왔던 식이죠. 전전, 전시, 전후를 꿋꿋이 살아온 산증인이 없어지고 있습니다. 고초를 당한 비극의 시대를 되풀이해서는 안 됩니다. 정부는 전쟁을 교화하고 미화하려 할 뿐입니다. 한 사람 한 사람이 앞서간 사람들의 고생으로 살아남은 건데, 새 기지를 저지해야 그 은혜를 갚게 됩니다."

긴조 대표는 온화한 표정으로 설명했다.

예전에 나고시에 왔을 때 이곳으로 이주한 자유기고가 우라시마 에쓰코 씨의 소개로 미국 법원을 상대로 한 '듀공* 소송보고회'에 참석한 적이 있다. 신기지 건설에 반대하는 헤노코 투쟁은 오키나와 본토, 노인과 젊은이, 남자와 여자를 대등하게 묶은 새로운 운동으로 확대되고 있다.

> *오키나와 연안에 사는 길이 2.5m의 귀여운 포유류. 천연기념물.

바다에서 목숨을 걸고 저항

배에서 돌아온 이들, 육지에서 식사 준비를 하는 이들과 담소를 나누고 있으려니 본토에서 온 50~60대 여성들이 태평스럽게 해상 감시대에서 잠을 자는 모습이 보였다. 나는 그 모습을 보고 놀라움을 감출 수가 없었다.

"바다 위는 조용해서 잠이 잘 옵니다."

50~60세로 보이는 한 여성은 신슈에서 여행을 왔다가 벌써 1개월째 머물고 있다고 한다. 27세 한 남성은 "공사를 준비하러 온 업자가 '이런 곳에서 잘도 자는 군!'이라며 어이없어 했다"고 일화를 소개했다. 직접 와서 봐도 실감이 나지 않았다. 파이프로 조립한 해상 망루에 사람이 올라가 있는 것은 사진을 보고 알고 있었지만…….

함께 밥을 지어 먹고 한숨 돌리자 해상에서 연좌농성을 하던 이들은 다시 배를 타고 되돌아갔다. 교대하는 이들도 있다. 텐트 초소에 상주하며 진두지휘를 하는 오키나와 평화시민연락회의 다이라 나쓰메 (42) 목사가 함께 배를 타라고 권했다. 오키나와 남부 오자토손에서 전

164

ⓒ아사미 유코(淺見裕子)

미군기지 조성을 위한 해저 지질조사용 구조물에서 오키나와 주민들이
24시간 점거농성을 벌이며 시굴조사를 저지하고 있다.

도소를 운영하고 있는 다이라 목사가 손으로 가리키는 방향을 응시하니 산호초 앞에 작지만 동서로 상당한 간격을 두고 해상 감시대의 실루엣이 흩어져 있는 게 보였다. 1km 정도 떨어졌을까.

두 척의 어선이 4개의 해상 초소에 사람을 실어 나르고, 되돌아올 시간이 없는 이들에게는 도시락을 배달한다. 우리들이 탄 배는 '나이와이 7세'였다. 몇 년 전 도카시키섬에 갔을 때 소설가 하이타니 겐지로 씨가 이 배로 바다에 데리고 간 적이 있다. 도카시키 어협의 준조합원인 하이타니 씨가 낚은 거대한 줄무늬 전갱이를 안주 삼아 바다 위에서 맥주를 나눠 마셨다. 7~8명이 함께 한 뱃놀이였다. 그 배가 피스보트를 경유해 헤노코로 돌아온 것은 알았지만 여기서 다시 타게 되리라고는 상상조차 못했다.

'단칸(單管)'으로 불리는 해상 감시대는 쇠파이프로 만든 비계 모양을 하고 있다. 망루라고 하지 않고 파이프라는 것은 건조물로 인정되지 않아서다. 건설사는 사전조사 기재를 설치하고 바로 밑 해저 흙을 채취해 분석할 생각으로 이 단칸을 설치했다. 주변 일대를 매립해 군용 공항을 건설할 계획인데, 새삼스러운 바보짓이다. 그 주변은 해초가 무성하고 '듀공'에게는 절호의 서식처가 되어 있기 때문이다.

석양을 받아 실루엣이 된 파이프 감시대는 '해상 우리'처럼 보였다. 그 안에서 점거농성을 하는 이들이 가까이 지나가는 배에 손을 흔들었다.

"바다에 있는 참호 같네."

나는 중얼거렸다. 문득 나리타공항 반대투쟁에서 '옷카(엄마)'들이 측량을 저지하기 위해 자신의 몸을 사슬로 나무에 묶은 채 저항했던 일이 떠올랐다.

배에서 올라와 그 우리 속으로 들어가는 것은 상당히 힘들어 보였다. 바다 위에서 배가 심하게 흔들리기 때문이다. 그곳에서 60~70대 남녀를 포함하여 4~5명이 밤을 샌다. 달빛이 파도를 비추고, 총총한 별이 크게 빛나 보인다. 산호초 속 파도소리가 조용히 들리기도 하고, 때로는 고기가 튀어 오르는 것보다 더 미세한 음까지 들을 수 있을지도 모른다. 하지만 '단칸'이 넘어지면 위험하다. 공사업자 출입을 저지하기 위해 쇠그물을 둘러쳐놓은 곳도 있기 때문에 일단 넘어지면 탈출이 불가능하다.

"여기는 전쟁텁니다."

다이라 씨가 이렇게 강조하는 이유는 긴장을 풀고 잠들어 있을 때 업자가 습격해서 들어낼 수 있기 때문이다. 24시간 경계태세 와중에 바다에 떨어지거나 다친 사람도 몇 명이나 된다.

해상 대치는 계속된다

이튿날 아침 6시를 지나 배를 타고 바다에 나와 있으려니 우리가 출항해 떠나온 암벽에서 '경계선', '작업선' 패찰을 단 어선이 출발하는 것이 보였다. 반대파와 찬성파의 배가 사이좋게 같은 암벽에 계류되어 있는 것이다. 찬성파 어선이 철조망으로 둘러싸인 캠프 슈와브의 해안에 접안하자 방위시설청 직원과 건설회사 인부들이 올라타는 모습이 보였다. 그들은 미군기지에서 출동하는 것이다. 기묘한 풍경이다.

어선은 하루 5만 엔 정도에 임차되고 있다. 어부로서는 거부할 수 없는 유혹이다. 몇 년 전 헤노코에 취재차 왔을 때 해상에서 캠프 슈와브의 사진을 찍으려고 어선을 빌린 적이 있었는데, 지금은 그와 같은 한가로운 어선은 없다.

경계선 1척, 다이버를 태운 작업선 2척, 오렌지색 구명복을 입은 직원을 태운 해상보안청 고무보트가 출동하자 바다 위가 소란스러워졌다. 8시에 캠프 슈와브 스피커에서 '기미가요'가 흘러나오자 해상보안청 직원들과 작업 인부들은 배 가장자리에 정렬해 일제히 머리를 숙였다.

"작업을 하게 해주세요."

인부들의 일이란 '단칸' 곁에 와서 호소하는 것이다.

"응할 수 없습니다. (시굴조사) 야간작업을 할 태세를 풀어주세요."

연좌농성을 하고 있는 이들이 답을 한다. 일종의 아침 의례처럼 되어 있다. 경계를 풀면 언제 연좌가 깨질지 예측하기 어렵다. 주변 어민들은 어선과 통나무배를 타고 와 작업 강행을 감시하고 있다. 이런 대치가 매일 계속되고 있다. 방위시설청과 건설회사는 막대한 돈을 내놓고 가망이 없는 공사에 대비하고, 반대파는 자원봉사로 맞서고 있는 것이다.

이날 우리가 탄 배를 조종한 분은 야마시로 요시카쓰(61) 씨. 티셔츠와 청바지 양쪽에 화려한 하이비스카스 자수가 수놓아져 있다. 카우보이모자에 부츠 스타일. 멋쟁이다. 그는 인접한 구니가미촌의 어협 이사였다. 하지만 어협 방침에 반해 반대 운동에 협력한다는 이유로 자진사퇴를 종용당해 이사직에서 물러났다. 보상금도 반납했다고 한다. 돈도 되지 않는데 나이와이호를 조종하며 운동을 지원하고 있다.

"바다는 하나뿐이니까요."

그것이 반대의 이유다. 기지가 만들어지기 전에 매립공사만으로 어장은 전멸한다. 때문에 여러 사람들이 이 운동에 나서고 있다. 전쟁으로 인한 부담을 모두 오키나와로 떠넘긴 채 나 몰라라 하는 이 야마토 방식은 범죄수준이다.

이전이 아닌 반환을

국도 329호선에서 언덕 중턱으로 펼쳐지는 헤노코 거리의 가장자리를 스치듯 내려가는 헤노코 해안 쪽 길의 언덕 위에 거대한 빌딩이 들어서 있어 시선을 빼앗겼다.

"저게 뭐죠?"

"국립고등전문학교입니다. 기지건설을 위한 지역 지원책이지요."

문득 택시운전사에 말을 걸었는데 거침없는 대답이 돌아왔다. 후텐마 기지 대체라는 명목으로 미군의 신예 기지를 밀어붙이기 위해 일본 정부가 10년 동안 1천억 엔의 '북부진흥예산'을 계상했다고는 들었다. 그것이 제법 형태를 갖추고 있는 것이다. 과연 이 고등전문학교는 지역에 잘 정착할까.

그것보다도 나는 중년의 운전사가 거침없이 내뱉는 말투에 감명을 받았다. 물을 필요도 없다. 명백한 반대파다. 대개 택시운전사는 지역 정치문제에 대해 의견을 밝히길 꺼리지만 그의 명쾌한 설명에 여론조사에서 헤노코 근해 이설 반대가 80%를 점하고 있다는 사실이 잘 나타나고 있다.

10년 전인 1995년 9월 미군 병사의 소녀 폭행사건이 발생했다. 이 사건으로 오키나와 사람들의 분노가 폭발했다. 현민 총궐기 집회에는 8만 5천여 명이 모였다. 집회 직전에 취재차 만난 오다 마사히데 지사

(당시)와 오키나와 경제회의 이나미네 게이이치 현 경영자협회회장 (현 지사)에게서 기지의 정리축소가 오키나와 사람들 모두의 비원이라는 것을 알 수 있었다.

그 오키나와의 분노는 끝내 SACO(일·미특별행동위원회)에서 '기지 이설과 반환' 합의를 이끌어냈다. 1996년 4월 하시모토 류타로 총리와 먼데일 주일 미국대사가 함께 기자회견을 갖고 "후텐마 기지를 5~7년 사이 전면 반환한다"고 발표한 것이다. 미군이 솔선해서 기지를 반환한다고 하는 상상 외의 대뉴스였다. 그런데 3일 후인 4월 15일 SACO 중간보고에서는 미군 시설의 20% 반환, 단 '현내 이설'의 조건을 달았다. 대단한 기쁨을 주는 척하면서 얼렁뚱땅 본심을 밀어붙이는 식이었다.

헤노코 안이 명백해진 것은 그로부터 7개월 뒤인 11월 16일. 규마 후미오 방위청장관은 캠프 슈와브 근해가 유력하다고 언급했지만 SACO 최종보고서에는 '오키나와 본도 동해안 근해' 뿐이다.

원래 헤노코 근해에 비행장을 만드는 장기 계획을 갖고 있던 미군은 "오키나와 현민의 요구에 따라 후텐마를 반환한다"면서 오키나와 현민에게 은혜를 베푸는 척하고는 "대신 기지를 나고(名護)시 헤노코 근해에 만들고 싶다"고 슬쩍 바꿔치기하려는 의도를 갖고 임한 것이 앞서의 하시모토-먼데일 기자회견이다.〔마키시 요시카즈, 『오키나와는 이제 속지 않는다』, 고분켄(高文研)〕

미군의 내부 자료를 인용한 마키시 씨의 글에 따르면 미군은 이미 1965년 헤노코 해상에 '신 군사공항 건설'을 계획하고 있었다. 하지만

170

베트남전이 수렁에 빠져 국가재정이 어려워지자 보류되고 미국의 패전 뒤 잠잠해졌다는 것이다.

그런데 후텐마 기지는 주택밀집지에 위치해 있어 훈련이 불편하고 가장 위험한 공항으로 부상했다. 미군에 있어 이 기지의 '스크랩 앤드 빌드'*는 일본의 요구를 수용한 모양새가 된다. 한편 일본 정부는 오키나와의 비원에 답했다며 은혜를 베푼 셈이 된다. 즉 일 · 미 합작으로 눈 가리고 아웅한 '반환 시나리오' 였던 것이다.

* 노후시설을 폐기하고 효율성 높은 시설로 정비.

『오키나와는 이제 속지 않는다』에 따르면 헤노코 신기지에는 헬리콥터와 같은 수직 발착륙 신예기 'MV22오스프레이' 가 배치될 예정이다. 더욱이 바다를 매립해 신기지를 만들면 시가지에서 떨어진 곳에 탄약을 보관하고 그곳에서 직접 헬리콥터로 수송할 수 있게 된다. 미국방부 문서에 따르면 해상 시설 및 모든 관련 구조물은 40년 내용연한과 200년의 내구연한을 갖도록 설계된다고 명기되어 있다고 한다. 이나미네 지사나 기시모토 다테오 나고시장 등은 '15년 사용 기한' 등을 말하고 있지만 미군은 그 정도로 허술하지 않다.

건설비용은 사전조사만으로도 9억 엔, 본체 공사는 1조 엔이라고 한다. 또 SACO 합의에 의해 이설 등에 동반되는 미군 주택 건설비는 총 2천억 엔을 상회한다. 지금도 각지에 있는 미군 주택은 호화스럽기 그지없는데, 이 주택도 일본 정부의 '배려 예산' 에 의해 건설되고 있는 것이다.

이전이 아닌 반환이 오키나와인들의 비원이었다. 그것을 뒤튼 것은 자국군을 타국 국민의 세금으로 유지하려 하는 미국의 '기생 정책'

이다. 일본에 주저앉아 있는 한 제 돈을 들일 일은 없다. 게다가 이 신기지 건설로 일거리를 늘리려는 '죽음의 상인' 건설회사와 그에 의지하는 자민당 정치인들이 있다.

그러나 1997년 1월 지역에서 '생명을 지키는 모임' 이 결성되어 시굴조사를 저지하는 연좌농성이 시작됐다. 오키나와 기지는 미군 점령으로 만들어지고 일방적으로 확장, 고착화되면서 지역의 소원을 짓밟아왔다. 때문에 국가가 새로운 기지 건설에 협력해 자금을 부담한다든지 지자체가 '진흥책' 과 맞바꾸는 등 일·미 정부 회유책에 굴복해 미군기지 유치에 적극 나서는 것은 오키나와 사상 처음 있는 일이다.

원래 돌격부대인 해병대는 '일본 방위' 와는 아무런 관계가 없는 것이다. 그 기지가 노후화되어 시대에 맞지 않게 되었다면 통째로 본국으로 철수하면 끝이다. 막대한 빚을 안고 행정개혁에 혈안이 된 지금 일본에는 타국의 살인집단을 '배려' 할 여유가 있을 턱이 없다.

2003년 11월에 발표된 방위청 나하 방위시설국의 「지질조사·해마조사 작업계획에 대해」라는 문서에 따르면 3년 전 이미 산호와 해초 군락지 조사가 완료됐다. '듀공에 대한 배려' 항목도 있다. 예를 들면 해초 군락의 영향은 '가능한 회피 또는 저감한다', '시굴조사용 발판은 듀공이 이동경로로 이용할 가능성이 있는 산호초 틈에는 설치되지 않는다' 등이다. 야간에 먹이를 먹는 듀공을 위해 작업시간을 '일출 한 시간 정도 후부터 일몰 한 시간 정도 전까지로 설정' 등이 쓰여 있다.

당사자이면서 '설치되지 않는다' 로 수동태를 쓴 것도 이상하지만 그 약속을 깨고 지금은 야간에 작업을 강행하려 하고 있다. 더욱 무책임한 것은 엔진과 천공 소리, 타격음을 발생해 듀공을 위협하면서도

'소음 저감에 노력한다'는 식으로 그럴듯하게 포장하고 있는 것이다. 또 공사가 시작돼도 듀공은 온다는 말로 때우려 하고 있다. 이것은 환경뿐 아니라 듀공의 섬세함을 무시한 무지와 오만에 불과하다. 미군에 있어 뜻밖의 복병이랄 수 있는 국가지정 천연기념물 듀공이 군사기지 건설에 반대하는 사람들을 마치 승리의 여신처럼 상냥하게 지켜보고 있다.

일본인의 치욕

연좌농성에 참가하면서 지역에 정착한 사이타마현 출신 도미타 신(21)씨는 듀공을 목격한 순간을 이야기할 때 흥분한 표정을 지었다.

"뭔가 붉은 갈색 같은 것이 보였습니다. 꼬리였지요. 3마리나 헤엄치고 있었습니다!"

"부럽다"고 하자 그는 방긋 웃었다. 그 요행도 투쟁의 끈기를 받쳐주는 것 같았다. 신씨는 교사와 사이가 좋지 않아 고등학교를 중퇴하고 시민운동을 하는 어머니의 권유로 4년 전 오키나와에 왔다. 지금은 나고시 바다의 집에서 일하며 운동에 참가하고 있다.

"여기 처음 왔을 때 78세 할머니가 숲이 뭔지 아느냐고 물으셨어요. 숲은 잘려 나무 한 그루만 남아도 다시 씨앗을 뿌려 소생할 수 있다고 가르쳐주셨습니다. 그때 젊은 사람은 저 한 사람밖에 없었지만 다시 모이게 됐습니다."

98세의 요시 할머니는 "바다에 앉아서라도 공사를 막겠다"고 다짐한 적이 있다. 그에게는 상상할 수도 없는 말이었다. 하지만 지금 사람들은 실제 바다 위에 앉아 있다. 도시에서 자란 한 젊은이가 자연과 한

몸으로 살아온 노인의 말에 계시를 받아 이곳에 살고 있다. 최근에는 신씨의 조부모도 상황을 보러 왔다고 한다.

2005년 6월 2일 마이니치신문은 1면 머리기사로 '가데나 이전 확실시' '헤노코안 백지화'라고 보도했다. 그 전까지도 정부 소식통이나 야마사키 다쿠 전 자민당 부총재 등의 담화로 후텐마 헬리콥터 부대를 가데나 기지로 옮기고 공중급유기 부대를 이와쿠니로 이전하는 등의 이야기가 있었다.

헤노코안 백지화가 현실화된다면 그것은 운동의 승리다. 하지만 그것이 정말이라면 정부가 발표해야만 하고 다름 아닌 당사자인 미군이 언명해야만 한다. 그런데 그런 기색은 없고 현지 헤노코에서는 아직도 작업의 준비 태세가 해제되지 않고 있다. 철수한다면 단칸을 신속하게 바다 속에서 뽑아내야 한다.

"헤노코에 한 발을 걸친 채 다른 장소를 찾는 행태는 신뢰할 수 없습니다. 헤노코에서 손을 떼지 않는 한 소용없어요. 해상 전투부대가 해외로 나가지 않는 한 안심할 수 없습니다."

'SACO합의를 규명하는 현민회의' 마키시 요시카즈 씨의 말이다.

관심이 식은 틈을 타서 같은 무쓰시로 되돌아온 원자력선 '무쓰'의 예도 있다. 롯카쇼무라의 핵연료재처리기지 건설도 처음부터 계획되어 있었는데도 발표하지 않고 감췄다. 권력은 약해져도 끝까지 뿌리를 뽑지 않으면 곧 되살아난다. 사회당에 정권을 넘기는 척 하면서 상대를 뭉개버린 자민당의 전례가 있지 않는가. 지옥으로 가는 길에는 선의라는 융단이 깔려 있을지도 모른다.

인근의 캠프 한센에서는 주민 반대를 힘으로 밀어붙여 '도시형 전투훈련시설'을 완성하고 미 육군은 대 게릴라 훈련을 시작했다. 헤노코 근해에서 해병대 수륙 양용차가 침몰하고 가데나 진입 관제 레이더 시스템이 고장 나 나하공항 스케줄은 큰 혼란을 겪기도 했다. 여전히 위험한 기지의 그림자가 오키나와의 섬들을 짙게 뒤덮고 있다.

워싱턴주에 있는 미 육군 제1군단 사령부가 가나가와현 캠프 자마로 이전하고 항공자위대의 항공총사령부는 요코타 미 공군기지로 이전돼 함께 나란히 있게 된다. 일·미 군사체제는 다시 긴밀해지고 있다. 그 전략적 배치에서 오키나와는 바둑에서의 사석(捨石) 취급을 받고 있다. 일본인에게는 치욕스런 일이다.

미군 헬기 대학 추락 그리고 '대학 점령'

나는 '야마톤추'로 불릴 때마다 가슴이 철렁 내려앉는다. 본토 일본인을 뜻하는 오키나와 방언 '야마톤추'. 오키나와 사람들의 가시 돋친 이 한마디에 본토가 오키나와에 저지른 가해의 역사와 단숨에 뛰어넘기 힘든 골이 숨겨져 있음을 느낄 수 있다. 가슴에 비수처럼 꽂히는 아픔과 함께 '야마톤추'로 불린 게 몇 년 만인가.

후텐마(普天間) 기지와 가까운 레스토랑에서 낯익은 시민운동 모임인 '가마도과들의 모임' 회원들과 만났다. 기지 바로 옆에 사는 회원 여성들에게서 미군 헬기 추락사고 이야기를 듣기 위해서였다.

'가마도'*는 '나베'**와 마찬가지로 오키나와 서민여성들에게 많았던 이름이고 '과'는 애칭이다.

> * 부뚜막 ** 냄비

"기지에 대한 부담을 오키나와에만 떠넘기고 있습니다. 우리도 평범한 생활을 하고 싶을 뿐입니다. 지난 60년간 모두 나서서 기지철수 운동을 했는데도 아무 것도 달라진 게 없어요. 야마토(大和)*에 사는 사람들이 꿈쩍도 하지 않기 때문입니다. 이번에 잘 알았어요. 치유의 섬, 장수의 섬이라고 떠들어대면

> * 일본 본토의 별칭.

서 막상 기지문제에 부닥치면 아무도 움직이질 않더군요. 그걸 잘 알게 됐어요."

"만약 규슈 오이타현에 미군 전투기가 추락했어도 문제 삼지 않고 지금처럼 가만히 있었을까요? 오키나와에는 전투기가 떨어져도 상관

없다는 말입니까? 야마톤추 당신 생각은 어떻습니까?"

"야마톤추는 어떻습니까?" "당신은 어떻습니까?" 안면이 있으니 똑바로 쳐다보고 따지듯 자꾸 묻는다. 나는 대꾸를 못한 채 항상 입안에서 우물쭈물 변명하는 투가 되어버린다.

그 뒤에도 몇 번인가 야마톤추라는 생경한 말을 들었는데 그때마다 나는 그 여성들뿐만 아니라 '우치난추(오키나와 사람)' 전체의 노여움과 절망을 느껴왔다.

대학이 미군에 '점령' 됐다

처음으로 면전에서 '야마톤추'로 불려 당황했던 때가 1975년 초였는데, 바로 '해양엑스포'가 시작되기 바로 직전이었다. 그때가 오키나와 첫 방문이었다. 당시 나이 37세. 르포 작가로는 늦은 편이었다.

해양 엑스포장 주변을 돌며 주택이나 농지를 용지(用地)로 빼앗긴 농민들의 이야기를 들었다. 나하시로 돌아와 알게 된 젊은이들과 술집에서 만나 2차, 3차 장소를 옮겨가며 마시던 중 차가운 시선과 함께 던져진 말이 '야마톤추'였다. '우치나(오키나와)'의 부드러운 울림에 비해 '야마토'라는 말은 생경하고 어딘가 권력의 냄새가 난다.

그 뒤 다시 그곳을 방문했을 때 마부니 언덕 주변에서 시위를 하던 학생들에게서 '황태자의 오키나와 방문 저지' 입장을 들었다. 일본군의 방패가 되어온 '우치난추'의 역사에 책임이 있는 천황에 대한 그들의 비판은 통렬했다. 나는 그들의 결사항전 결의를 취재해 『주간 포스트』에 보도했다.

도쿄 지하철 내 잡지 광고판에 '황태자 상륙 저지'라는 기사제목이 걸려 있을 때 히메유리탑 가까이 종유동굴에 숨어 있던 한 학생이 황태자(현 천황)에게 화염병을 던지는 사건이 발생했고, 내가 만났던 인물은 체포됐다. 한 신문기자가 오키나와 경찰당국이 나를 조사하고 있다고 귀띔해주었다. 하지만 아무 일도 없이 지나갔다. 지금이라면 어떻게 되었을까.

야마톤추, 천황제, 나이챠(내지인)는 오키나와 사람들의 자립을 목표로 삼는 어휘로 이해하고 있었는데 나하 거리의 '내지화'가 진행되면서 '야마톤추'라는 말을 듣는 일은 점차 없어졌다.

2004년 8월 13일 금요일. 미군의 수송용 대형 헬기(전장 약 22m, 총중량 약 32t)가 오키나와국제대학 본관 옥상을 스치고 추락해 화염에 휩싸였다. 3층 건물의 흰 벽은 프로펠러에 파이고 새까맣게 타버렸다. 기체뿐만 아니라 주변에 흩어진 부품까지 증거품은 모두 미군이 수거해 가버렸기 때문에 참사의 흔적은 화염이 훑고 지나간 흰 벽과 무너진 계단, 타버린 나무뿐이었다. 그래도 건물 곁 게시판이 녹아내린 알루미늄 잔해로 바뀌어 화력의 강도를 짐작할 수 있게 했다.

학장실 옆은 외부에서 올라가는 계단이 있었는데 그 벽이 장벽이 되어 학장실은 피해를 면했다. 사고 당시 학장은 자신의 연구실로 돌아가 있었다. 파편은 1층 회계실 이중창을 깨고 들어왔지만 그곳에는 사람이 없었다. 사상자가 없었던 것은 우연한 요행에 불과했다.

그날은 여름방학 집중강의가 있어 학교에는 500~600명의 학생, 직원이 있었다. 그 외에 일반인에게 공개된 도서관에 시민들도 있었다. 낙하한 기체 일부가 민가에 날아들어 어린아이의 침실 장지문을 관통했다. 다행히 위험을 알리는 전화를 받은 어머니가 아이를 안고 밖으로 뛰쳐나와 겨우 화를 피할 수 있었다. 또 회전날개가 주택가 오토바이를 덮쳐 전파시키고, 민가 유리창을 막대기 모양의 부품이 관통하기도 했다. 2003년 11월에 이곳을 시찰한 도널드 럼스펠드 미 국방장관이 "사고가 일어나지 않는 게 이상하다"는 말을 한 바 있는데, 그 의구심이 현실이 되고 말았다.

도쿄에서 상상했던 것보다 훨씬 더 처참한 현장에 눈이 휘둥그레졌다. 졸업생 한 명이 촬영을 해서 대학에 보낸 추락 직후의 비디오에는 검은 연기가 3층 건물 본관의 세배 높이까지 올라가 있는 광경이 찍혀 있다. 그 검은 연기에 가려진 또 한 대의 헬기가 추락기를 관찰하고 있는 것이 보였다.

미군은 군용 헬기의 추락을 미리 알고 있었다. 추락 전부터 헬기는 공중분해 상태가 되어 있었다. 시가지 상공에서부터 꼬리 날개 등 기체 일부가 떨어지고 기름이 흐르고 있었기 때문에 기체가 고장 났다는 연락은 기지 사령부에 진즉 들어와 있었을 것이다. 그래도 대학 측에는 아무런 통보를 하지 않았다. 연락을 받은 미군 측은 재빨리 이중 펜스를 넘어 추락현장에 몰려와 경계병을 배치해 제압하고 대학의 책임자인 학장과 경찰당국의 입회조차 금지했다.

이는 기지도 아닌 민간 소유지가 일본의 주권이 미치지 않는 '치외법권'화된 것일 뿐 아니라 미군이 대학을 점거함으로써 기지의 섬 오키나와를 아직 식민지로 취급하고 있음을 드러낸 것이다. 그런데도 "머리를 텅 비우고 싶다"던 고이즈미 총리는 면회를 요구한 현 지사와 기노완 시장을 문전박대하고 태연하게 "여름휴가를 잘 보냈다"고 딴청을 피웠다. 이것이 나라를 욕보이는 언동이 아니고 무엇인가! 그래도 아직 내각을 타도하자는 소리가 없다. 야당은 존재감도 없이 업신

여김을 당할 뿐이다.

팔루자와 요시노만의 고통

증거를 감추려고 기체를 철거해버렸기 때문에 '열화 우라늄탄이 탑재되었다'는 의혹까지 제기됐다. 하지만 주일미군사령관 토머스 와스코 중장은 이를 부인하고 "피해를 최소한으로 막았다. 굉장한 공적이 있었다"며 승무원을 격찬했다. 피해자 면전에서 가해자를 칭찬하는 뻔뻔스러움이 바로 점령군 의식이다.

와스코 중장에 의하면 럼스펠드 장관은 추락한 것과 같은 기종의 CH53D 6기를 이라크에 파견하라는 명령을 내렸다고 한다. 요시노만 상공에서 비행훈련이 증가하고 소음피해가 극심해진 것은 이 기지가 미군의 이라크 침략과 직결돼 있기 때문이다. 나는 여기에 와보고 기지에 점령된 요시노 시민과 폭격에 노출되어 있는 이라크의 팔루자 시민이 같은 고통을 공유하고 있음을 느끼게 되었다.

오키나와 국제대학은 도구치 도모아키 학장 명의로 항의성명을 냈다.

미군은 사고 직후부터 추락현장을 일방적으로 봉쇄하고 본 대학 관계자가 요청하는 긴급 또는 필요 최소한도의 입회는 말할 것도 없고 오키나와 현 경찰의 현장검증조차 거부하는 등 국가 주권을 침해하는 이상한 사태가 계속되고 있습니다. 우리는 지금까지 지역주민과 연계해 수차에 걸쳐 후텐마 기지로 날아오는 항공기의 시가지 상공 비행 중단을 요청해왔습니다. 그러나 우리의 요청을 무시하고 금번 이와 같은 참사가 일어난 것은 참으로 유감입니다. 더욱이 오늘날에 이르기까지 미군 및 일본 정부 관계자가 본 대학에 아무런 사죄도 하지 않는 것에 한없는 분노를 느낍니다.(성명의 일부)

오키나와는 위험 속에 던져져 버림을 받아왔다. 이에 대한 분노가 '한없는 분노를 느낍니다'는 문구에 들어 있다. 부끄러운 나라다.

대학 구내에 헬기가 추락했다는 제1보를 듣고 나는 1968년 6월 미군 팬텀 정찰기가 규슈대 교사에 추락했던 사고를 떠올렸다. 이때 후쿠오카 시장은 그 자리에서 이타쓰키 기지의 사용중단을 신청했고 현 지사도 동조했다. 관방장관이 미군 측에 주의를 촉구해 야간 비행은 즉시 중단됐다. 일·미 공동조사는 다음날 아침 일찍 이뤄졌다. 하지만 기지 철거를 요구하는 학생들이 미군 순찰차를 에워싸 한 시간 만에 중지되고 교사에 매달려 있던 기체는 학생들이 바리케이드를 쳐 끌어내는 것을 거부했다. 다음해 1월 심야에 정체불명의 괴한들이 경비원을 위협해 불도저로 끄집어 내릴 때까지 기체는 비를 맞고 있었다. 그로부터 36년. 일·미 관계는 더 굴욕적인 관계가 되었고 '야마톤추'의 오키나와 묵살은 1972년 복귀 이래 점점 심해지고 있다.

'꽈광' 대형트럭이 부딪히는 소리가 났어요. 잠시 뒤에 "오키나와 국립대학에 미군 헬기가 추락했으니 다가가지 말라"는 소리가 들렸습니다. 놀라서 밖으로 나갔더니 경찰 헬기가 상공에서 방송을 하고 있었습니다. 대학 쪽에서 치솟은 검은 연기가 바람을 타고 전부 날아와 불안했어요.

후텐마 기지 바로 곁에 살고 있는 중학교 3학년생 히사바 아루이 양은 추락사고가 일어났을 때 가까운 서예교실에 있었다. 이것은 아루이 양의 글이다. 한참 지나 기지반대운동을 하고 온 어머니 다쓰노 씨와 동생들 4명이 현장으로 갔다. 알록알록한 위장복을 입은 미군과 경찰이 많았고 시끄러운 분위기였다. 헬기는 구겨져 형체를 알아볼 수가 없었다. 메케한 기름 냄새가 코를 찔렀다.

기지가 있으면 보호를 받는다거나 돈이 들어오기 때문에 기지가 있는 쪽이 좋다는 사람들이 있습니다. 하지만 전쟁이 났을 때 피해를 보는 곳은 어딥니까. 기지가 있으면 돈은 들어올지 모릅니다. 하지만 이번처럼 헬기가 떨어져 죽어버리면 아무 의미가 없는 일이죠. 그걸 최근에야 깨달았어요. 생명이 있으면 살아갈 수 있습니다. '사망자가 없어 다행이군요'라고 끝내버리면 다음에는 누군가의 머리에 떨어질 겁니다.

글 말미에서 아루이 양은 자신이 어른이 되었을 때는 "내가 어릴 때는 여기 펜스가 있었고 안으로 들어갈 수 없었어요"라고 말하는 날을 상상해본다고 쓰고 있다. 어머니 세대의 운동을 이어받아 기지가 없어지는 미래를 전망하는 것도 그렇지만 기지에 의존하는 오키나와 경제와 목숨을 대비해 엄중하게 비판하는 대목이 가슴에 와 닿았다.

오키나와 기노완시 도심 한가운데 떡하고 자리를 잡은 후텐마 비행장.

©이다 히로유키(伊田浩之)

기지를 늘리는 '배려 예산'

히사바 다쓰노 씨의 집은 현장에서 500m도 채 떨어져 있지 않고 딸 아루이 양이 다니는 서예교실도 거기서 가까웠다. 큰딸한테서 헬기가 떨어졌다는 전화를 받고 다쓰노 씨는 현장으로 달려갔다.

"추락할 것은 전부터 알고 있었습니다. 사고가 날 거라 생각했습니다."

파리한 얼굴로 그녀는 작정한 듯 대답했다. 너무나 확신에 찬 어조여서 놀라웠다. 전술한 것처럼 기지 바로 옆 레스토랑에서 가마도과 사람들과 만났던 자리에 다쓰노 씨는 4살 난 사내아이를 데리고 왔다. 이 모임은 기지철거를 요구하면서도 현재 미군이 해상기지 건설을 추진하고 있는 헤노코로 떠넘기지 않는 운동을 목표로 하고 있다.

"가벼운 파열음이 두 번 났습니다. 미야모리 초등학교 사건이 떠올라 희생자가 많을 거라고 예상했어요."

일본으로 복귀되기 전인 1959년 6월 긴(金武)만에 접한 이시카와시 미야모리 초등학교에 미군 전투기가 추락해 전소되었다. 이 사고로 학생 11명을 포함해 17명이 사망했다. 대형 군용 헬기와 공중급유기가 오가는 기지 옆에서 아이 4명을 키워온 다쓰노 씨와 같은 주민들의 느끼는 공포는 어떠했을까. 나는 상상하기가 어려웠다.

1972년 복귀 이후 오키나와에서 일어난 미군기 추락 사고는 41건을 헤아린다. 이번 사고와 같은 기종의 헬기는 2건. 각각 4명의 승무원이 사망했지만 주택가 추락은 처음이다. 승무원, 시민 모두 사망자가 나오지 않았던 이번 사고는 기적 중의 기적이지만 이 사고를 기화로 기지철거에 착수하는 것은 정치인들의 책임이라 할 수 있다.

시가지가 민가 밀집 지역을 가로지르고 있어 참사 발생 직전인 후텐마 기지의 광경은 보는 이에게 불안감을 갖게 만든다. 이 때문에 1991년 하시모토 류타로 총리와 먼데일 주일 미국대사가 공동기자회견에서 "후텐마 기지를 5년에서 7년 이내 전면 반환한다"고 발표하지 않을 수 없었던 것이다. 그러나 그것은 1965년부터 노려온 헤노코 공군기지 신설과 바꿔치기한 것이었다. 미국 정부는 욕심이 많았고 끈질겼다.

기지가 내려다보이는 언덕 위에 표지판이 서 있다. 점령 전까지 이곳에 있던 22개 마을의 이름과 인구가 쓰여 있다. 소나무 가로수가 남북으로 뻗어 있는 시가지에 1만 6천 636명이 살고 있다. 현재 미 해병대와 군속은 3천 700명, 기지노동자는 200명.

시의 자료에 의하면 시 면적의 1/4에 해당하는 480ha가 기지 용지다. 이중 90% 이상이 사유지로 지주가 2천 739명. 이들에게 연간 61억 8천만 엔의 임대료가 지불되고 있다. 여부를 분명하게 밝히지 않는 점령이었지만 어느덧 그 수입이 생활을 지탱하게 되고 종속이 마음 편한 것이 됐다. 아루이 양이 지적한 것처럼 돈과 목숨의 거래다. 그것이 오키나와의 젊은이들을 자포자기하게 만든다. 젊은이들의 미래를 위해서도 '행동계획'이 필요하다고 오다 마사히데 전 오키나와 지사가 내게 강조한 적이 있다. 그러나 불황과 실업자 증가는 기지수입에 대한 의존을 점점 심화시킨다. 하지만 원래 그 비용은 일본 사람들이 낸 세금이다. 꼭 미군을 경유해서 지불받을 필요는 없다.

미군은 앞으로 10년간 6만에서 7만 명을 삭감한다면서 워싱턴주에 있는 제1군단 사령부를 캠프 자마로 옮기고 괌의 제13공군사령부를 도쿄 요코타 제5공군사령부로 집중시키려 하고 있다. 미군은 세계적인 규모로 주류군을 합리화하고 경비를 삭감하면서 하이테크화로 기동력을 강화하려는 전략을 취하고 있다.

그런데 '배려 예산'*에 의거해 주일 미군기지는 역으로 증강시켜 한반도, 대만해협의 위기에 대응하려 한다. 고이즈미 총리가 목소리를 높이고 있는 '집단적 자위권'은 자위대가 지금보다 더 미군의 세계 전략에 종속되고 미군의 전쟁에 협조한다는 것을 의미한다.

> * 미군 주둔 경비를 일본이 부담해주는 것. 1978년 기지에서 일하는 일본인 급여를 일본이 법 규정을 뛰어넘어 지원하면서 시작.

오키나와에 미군기지의 70%를 밀어 넣는 일·미 관계에 의해 일본 경제가 발전해온 것은 틀림없는 사실이다. 미군은 전쟁을 할 때마다 이곳에서 최전선을 향해 출동했다. 최전선에서 돌아온 병사들의 황폐한 영혼은 오키나와의 여성들에게 피해를 입혔다.

"기지를 야마토에 가지고 가라고 말한 뒤 자기혐오감으로 죽고 싶을 정도였습니다."

'가마도와들의 모임'의 겐조 준코 씨가 털어놓았다. 기지 때문에 밤낮으로 고통을 당하지만 그 고통을 타인에 떠넘기는 것은 옳지 않다는 생각에 괴로웠던 것이다. 오키나와 사람들의 이 이중의 고통을 본토 사람들은 전혀 이해하지 못하고 있다.

"현 밖에 사는 사람들이 너무나 무관심해 상처를 받았습니다. 오키나와 일이라고 생각하고 자신들의 주권이 침해된다고 생각하지 않아요. 응원하러, 도우러 왔다는 분들도 계시지만, 제 나라 일이잖아요. 일본에 의지해왔지만 그건 잘못이었습니다. 오키나와가 독립한다면 일본이라는 나라 곁에 있는 게 무서워질 겁니다. 그것은 아시아 사람들이 공통으로 느끼는 공포라는 걸 알았어요."

구니마사 미에 씨는 일본과 절연을 선언했다. 선배들은 야마토 복귀를 열망했었다. 그러나 일본에서는 아무도 오키나와의 고통을 진지하게 생각하지 않았다. 아무리 계속 호소해도 기지 상황은 하나도 바뀌지 않았던 것이다. 위험은 언제나 오키나와에 전가됐다. 무서운 나라라는 표현에 깊은 절망이 배어 있었다. 테러를 하는 사람의 마음을 이해할 수 있다는 23세 아들의 말에 동조하는 자신을 발견하기도 했다.

고이즈미 총리는 오키나와에 대해 전혀 관심이 없고, 오키나와에 오는 대신 정반대인 홋카이도 동쪽 끝 네지로에 갔던 것이다. '북방 4개 섬' 시찰이었던 것 같지만 안개에 막혀 아무 것도 보이지 않았다. 퍼포먼스였다. 조지 부시의 미국에 요구하는 것보다 러시아에 요구하는 게 훨씬 수월하기 때문이다.

"오키나와에 외무성이 파견한 '대사'가 있는 의미를 아십니까? 다른 어느 현에 대사가 있습니까. 오키나와에 대한 최고의 차별이겠지요."

후텐마 기지 문 앞에 '조용한 나날을 돌려 달라'고 큰 글씨로 쓴 텐트를 치고 연좌농성을 하고 있는 후텐마 기지 폭음소송단 시마타 젠지 단장의 이야기다.

"후텐마 기지를 반환하라는 것은 현 내로 옮기라는 게 아니에요. 일본을 위해 필요하다면 천황 거처에 가지고 가면 되지요."

함께 앉아 있던 다마시로 세이초 씨가 거들었다. 기노완시의 이하 요이치 시장은 2003년 4월 취임한 이래 일·미 양 정부에 기지의 위험성과 조기 반환을 열정적으로 호소해왔다.

"미 정부와 의회 모두 위험하다는 공통인식을 하고 있습니다. 해병대와 헬기의 대부분이 이라크로 이동한 지금이 반환의 기회입니다. 사고 후에 갑자기 헤노코에서 시추 조사를 시작한 것이 미국의 태도이고, 현과 국가는 책임을 떠넘길 뿐입니다. 미군의 전략이 바뀌었기 때문에 후텐마 기지는 조기 반환하는 게 이치에 맞습니다."

묵살당해 온 오키나와. 일본을 향한 그들의 노여움은 더욱 커지고 있다.

미 해병의 요코스카 여성 살해사건

미 해군기지의 거리 요코스카(橫須賀)는 이마무라 쇼헤이의 영화「돼지와 군함」 (1961년)의 무대다. 이 영화는 기지에서 나온 잔반으로 돼지를 키우는 야쿠자 조직의 애송이와 그 연인의 청춘을 그린 작품이다. 애송이 역을 맡았던 나가토 히로유키의 호연이 지금까지도 기억에 남는 걸작이다. 반전이 영화의 주제는 아니지만 이미 이 영화에는 미군의 집단성 폭행 장면이 등장한다. 미 해군기지와 미군의 성폭력, 폭력 사건은 불가분의 관계인 것이다.

2006년 1월 3일 가나가와현 요코스카 시내 노상에서 항공모함 키티호크 승무원이 일본인 여성을 살해한 사건은 이라크에서 패색이 짙어진 미군의 초조와 무질서를 배경으로 하고 있다. 인구 42만의 요코스카시에는 1만여 미군과 가족 등 모두 2만 5천 명이 체재하고 있다. 미사일을 장착한 순양함과 구축함이 이곳을 모항으로 하고 있다. 승무원 2천 930명이 승선하는 키티호크는 전장 324m의 최대 군함으로 미국이 이라크를 침공할 때 페르시아만에 파견돼 바그다드 시내 미사일 공격을 받쳐준 항공모함이다. 일본에 배치된 미군기지는 미국 세계전쟁전략의 최전선이다. 그래서 오키나와의 가데나 공군기지와 함께 요코스카 해군기지가 맡고 있는 역할도 그만큼 크다고 할 수 있다.

전쟁터에서 귀환해서, 혹은 전장에 나서기 전에 마음이 거칠어진 군인 수천 명을 밀어 넣은 기지 주변은 요란한 색채의 바와 불법 풍속

점이 독버섯처럼 번창하고 있다. 밤이 되면 젊은 군인들이 눈을 번득거리며 먹잇감을 찾아 거리를 배회하고 있다.

살인사건이 일어나기 꼭 1년 전인 2005년 1월 4일, 기지에서 그리 멀지 않은 하야마마치 노상에서 32세 퇴역군인이 한밤중에 알몸으로 쓰러져 있는 것이 발견됐다. 그는 기지 내 갱단 '클럽스'를 탈퇴하려다 전치 1개월에 이르는 린치를 당했다. 이 상해사건을 계기로 요코스카 기지에 여러 개의 갱 조직이 존재한다는 사실이 드러났다. 미 본토의 갱단 출신이 기지 안에서 패거리를 모았고 가슴을 담뱃불로 지진 표식으로 조직원을 관리했다고 한다. 또 마약공급망도 발각됐다.

가해자는 3명이었지만 요코하마지법 요코스카 지부는 분리해서 재판했다. 주범격인 사내는 미국으로 달아나버렸다. 법정에서 '갱단'의 존재를 고백한 24세의 피고는 그 후 본인과 가족을 살해하겠다는 협박을 받았다고 증언했다. 그에 대한 판결은 징역 2년에 집행유예 4년. 폭력행위가 있어도 실형을 받지는 않았다. 피해자의 아내는 "가해자가 곧 미국으로 귀국할 텐데 집행유예는 납득할 수 없다"고 호소했다.(마이니치신문 2006년 3월 19일자)

요코스카 미군 병사의 범죄는 1997년 3월 미 병사의 아내(일본인) 살해사건과 47세의 자영업 남성이 3인조의 습격을 받아 중상을 입는 사건(미해결), 여성이 상해를 입거나 음주운전에 의한 충돌사고, 택시 승차 무임도주 등으로 빈번하게 발생하고 있다. 키티호크 승무원에 의한 사고만으로도 지금부터 소개할 사토 요시에 씨의 비참한 죽음을 전후한 1개월 사이에 폭행, 절도가 4건이나 발생했다.

잔혹무도하게 살해하고 빼앗은 돈으로 유흥

2006년 1월 3일 오전 6시가 지났을 때 사토 요시에(佐藤好重, 56) 씨는 시내 자택 아파트에서 가까운 역을 향해 걷고 있었다. 파견회사에서 사철(사설철도) 버스의 내부 청소 일에 파견돼 전날인 2일부터 출근하기 시작했다. 해병거리의 복합건물 앞 인도에 들어서자 젊은 미군병사 한 사람이 다가왔다. "미안합니다만……"이라고 일본말로 말을 걸고 "베이스(기지)?"라고 물었다. 사토 씨가 "요코스카 베이스?" 라고 되묻자 사내는 "베이스"를 되풀이했다. 그녀가 미군기지의 문 쪽을 가리키며 걷기 시작하자 그 병사는 그녀 앞으로 와 갑자기 팔에 걸친 가방을 잡아챘다. 사토 씨는 몸을 비틀며 도로 당겼다. 그러자 사내는 갑자기 주먹으로 얼굴을 때렸고 사토 씨는 쓰러졌다. 아직 정월 초 사흘이어서 거리에는 인적이 없었다. 사내가 사토 씨를 빌딩 1층 통로로 끌고 들어갔지만 그녀는 가방을 놓치지 않았다. 울부짖는 사토 씨의 목을 양손으로 움켜쥔 사내는 그녀를 질질 끌어 세워 콘크리트 벽 모서리에 쳐대고 그녀가 쓰러지자 얼굴과 배를 짓밟았다.

사내는 그녀가 몸을 움직이지 않고 소리를 내지 못하게 될 때까지 10분 동안 쓰러진 몸을 거칠게 짓밟았다. 늑골 몇 개가 부러지고 오른쪽 콩팥, 간장이 파열됐다. 안면과 두부 손상이 아주 심했다. 사인은 과다출혈이었다.

"얼굴 형태는 원형을 알아 볼 수가 없을 정도였습니다. 마치 햄버거 같았지요."

사토 씨와 동거 중이던 야마자키 마사노리(山崎正則) 씨는 눈앞에 그 얼굴이 떠오르는 듯 고통스러운 표정을 지으며 말했다. 그의 설명에 따르면 미 해병은 키 177cm에 팔은 마치 통나무처럼 굵어 완력이 얼마나 셀지 쉽게 상상할 수 있었다.

해병이 승선한 '키티호크'는 일본 근해에서 군사훈련을 끝내고 전년 12월 중순 요코스카항으로 귀환했다. 해병은 매일의 임무가 단조로운 데다가 일본에 오고 나서 수당이 줄어 불만이 있었던 것 같다. 급료는 1천 500달러지만 '영내 거주' 군인은 의식주가 무료이기 때문에 이 금액이 적은지 어떤지는 알 수가 없다. 어쨌든 검사의 논고는 '급료가 적어서 불만을 가졌다'고 되어 있다. 게다가 바라던 귀국이 이라크 침공의 교착 때문인지 허사가 되자 불만이 더해져 정신상태가 불안정했다 한다.

해병은 연일 기지 주변에 있는 유흥가를 배회하며 술로 돈을 탕진했다. 교제하던 일본인 여성과도 말다툼을 되풀이하면서 심사는 거칠어져만 갔다. 그날도 단골 술집에서 새벽 5시 30분까지 밤새도록 술을 마시고 가게를 나와 기지를 향해 걸으면서 또 낭비를 했다고 자책했다. 수중에 있는 돈이 너무 적었다. 불현듯 길 가는 여자가 보이면 돈을 뺏어야겠다는 생각이 들었다. 그런데 아직 어두컴컴하고 인적이 드문 길에 손가방을 든 여자가 빠르게 걸어왔다. 길을 묻는 척하고 다가갔지만 마침 나이든 부부가 조깅을 하면서 지나갔다. 아주 힘들게 얻은 먹잇감은 조깅을 하는 사람들에게 설명을 미루고 사라져버렸다.

실패였다. 이번에야 말로 꼭 해치울 거라고 다짐하고 있을 때 저쪽에서 걸어온 이가 사토 씨였다. 길모퉁이에 설치된 감시카메라에 사토 씨의 비명소리와 '머니, 머니'를 외치는 병사의 소리가 남겨져 있었다. 녹화 테이프에서 병사의 모습이 확인되면서 범인은 체포됐다. 범인은 가까운 편의점에서 피투성이 손을 씻고 기지로 되돌아갔다가 밤이 되자 다시 나와 빼앗은 1만 5천 엔을 성풍속점에서 썼다고 한다.

앞에 기술한 범죄행위의 개요는 요코하마 지법의 판결문을 보고 구성한 것이지만 22세 미 병사의 '국적, 소속, 계급, 경력, 범행 전의 경위' 등은 검게 덧칠되어 알아볼 수가 없게 되어 있었다. 만약 일본인 피고였다면 그 판결문에서는 있을 수 없는 일이다. 이 범죄자의 개인 정보는 아무 것도 얻을 수 없었고 미국에서 전과가 있었는지, 이라크 침략에서는 어떤 역할을 했는지도 알 수가 없었다. 신문기사에 의하면 '일등항공병'이라고 한다. 바그다드 공습에 참가했을 것이다.

'피해자가 울부짖으며 뜻대로 조용히 하지 않자 감정이 격해져 이상할 정도로 격렬한 폭력을 가해 살해에 이르렀다.'

이 같은 사실인정으로 6월 오구라 마사조 재판장은 '무기징역' 판결을 내렸다. 미 항공병에 능욕된 일본 여성의 비명소리와 미사일에 날아가 버린 이라크 여성·아이들이 울부짖는 소리가 겹쳐서 들리는 것 같았다.

미군의 감독의무를 일본이 지다

JR요코스카역 바로 앞에 펼쳐진 하구에는 미군 함정과 잠수함이 정박해 있다. 조금 떨어져 해상자위대 함선이 나란히 떠 있다. 나는 문제의 키티호크를 한 번 보고 싶었지만 눈에 띄지 않았다. 전날 어디론가 출항했다고 한다.

2006년 10월 20일, 요코하마시 중구 니혼오도리(日本大通)에 있는 요코하마 변호사회관에서 기자회견이 열렸다. 미 병사가 살해한 사토 씨의 두 아들과 사토 씨의 약혼자가 범인인 미 병사와 일본 정부를 상대로 손해배상을 청구한 것이다.

주일 미군은 여권, 비자, 외국인등록과 그 관리에 관한 일본 법률 적용에서 제외되어 있다. 미군이 기지 사용권, 관리 운영권, 경찰권 등을 갖고 있기 때문에 일본의 행정·경찰권은 큰 제약을 받고 있다. 그렇기 때문에 주일 미군은 자율적인 통제가 필요하고 미 병사를 감독할 의무가 있다. 따라서 죄를 범할 고도의 개연성이 있는데도 상사가 그것을 예측하고 방지해야 할 주의의무를 위반한 위법행위가 있었다는 것이다. 일·미 지위협정에 기초를 둔 민사특별법은 공무 중인 미군의 위법행위로 인한 손해는 미군을 대신해 일본 정부가 배상 책임을 진다고 되어 있다.

기자회견에 출석한 야마자키 마사노리 씨는 신체가 반듯한 인물로 성실한 버스운전사의 풍모였다. 사토 씨와는 직장에서 서로 알게 되었다고 한다. 손해배상 재판은 대체로 돈벌이라는 악평을 받기 쉽지만 그것도 각오한 참이었다.

"두 번 다시 이와 같은 비참한 사건이 일어나지 않도록 미 병사 개인을 벌할 뿐만 아니라 미군의 감독 책임도 추궁하고 싶습니다."

처음에 경찰은 야마자키 씨를 범인으로 의심했다. 경찰서로 불러 새벽 2시까지 심문을 하고 가택수색까지 벌였다. 한편 득달같이 달려온 방위시설청 과장은 얼마가 돼도 좋으니 금액을 써달라며 영수증을 내밀었다. 미군 교통사고 등에서 흔히 보는 익숙한 방법이다.

미 해군 요코스카 기지 앞에서 사진을 찍으려니 펜스 안에서 경비를 담당하고 있는 얼룩무늬 군복 차림의 젊은 자위대원이 막고 나섰다.

"기지 내부를 촬영하지 마세요. 미군을 자극하니까……."

어느새 기지 입구조차 촬영이 금지되고 있다. 공공연히 일본 영토를 점거하고 주민에게 피해를 주고 있으면서도 그 존재 자체가 비밀 기지처럼 되어가고 있다. 그런데 젊은 미 병사와 미군 가족들은 기지 주변을 빈번히 돌아다니고 있다. 머리는 감추고 꼬리는 내놓는 격이라고 해야 할까.

요코스카항에는 2008년 키티호크를 대신해 원자력항공모함 조지 워싱턴호가 배치될 계획이다. 40만kW급 원전이 대도시 옆 해상에 자리하는 것이다. 군사시설이기 때문에 원전보다 더 위험하다. 2006년 9월 요코스카항 해수에서는 코발트60 등이 검출됐다. 출항한 원자력 잠수함에서 배출된 것으로 추정된다.

미군의 극동·중동 군사전략에 종속된 일본 군사기지는 미군의 세계전략 강화를 위한 일방적인 재편과 일본을 전쟁으로 밀어 넣는 일·미 공동작전으로 점점 화약 냄새를 더하고 있다.

2007년 7월 5일 요코스카 시내 아파트에서 일본인 여성 2명이 19세의 미 병사에 찔려 숨지는 사건이 발생했다.

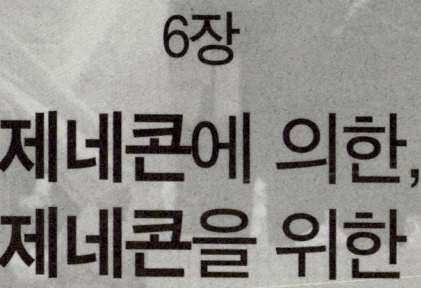

6장

제네콘에 의한,
제네콘을 위한

공공의 가면을 쓴 대기업의 도심 개발

전철 역사의 무뚝뚝한 벽면에 가로막힌 남향 유리창 건너편은 마치 눈가리개를 한 듯 시야가 막혀 있다. 벽은 좌우로 길게 만리장성처럼 뻗어 있고, 끊어진 곳도 없다.

고 에쓰로(洪悅郞, 81) 씨의 집 남측 3층 서재 창밖에 짓누르듯이 서 있는 것은 신주쿠와 오다와라를 잇는 오다큐(小田急)선 고토쿠사(豪德寺) 역사 건물이다. 콘크리트 기둥에 올라앉은 선로 위를 전차가 달리고 있다.

"옛날엔 조그마한 역이었어요."

동행한 부인 미즈코 씨가 그리운 듯이 말했다. 다이쇼 시대(1912~1926) 말기에 그녀의 아버지가 이곳에 치과를 개업했다. 홋카이도대 교수직을 퇴임하고 고씨 일가가 이곳으로 돌아온 것은 20년 정도 전의 일이다.

역사가 확장된 것뿐이라면 압박감은 그다지 크지 않았을 것이다. '복복선화 입체교차화'라는 대방침으로 땅 위를 뻗어가던 선로가 십여 미터 정도 공중으로 들어 올려지고 폭 20m나 되는 장대한 띠가 되어 마치 독일 베를린과 북아일랜드 벨파스트의 장벽처럼 시가지를 분단해버렸다. 유혈참사를 야기했던 그곳의 콘크리트 장벽조차도 집집마다 이렇게 창문을 절망적으로 뒤덮어버릴 정도의 높이는 아니었다. 그런데 이곳은 돌연 콘크리트 벽이 눈앞을 가로막고, 더구나 그 위를 엄청난 소음을 내는 전차가 달리고 있다. 하루아침에 자기 집이 신칸센 아래나 도로 위 철교 곁이 되어버린다는 것은 형언할 수 없는 악몽이다.

고씨 부부에 따르면 옛날에는 주변에 작은 서점과 중화요리점, 초밥집이 나란히 있었다고 한다. 이들이 모두 철거되고 도로로 바뀌면서 생활환경은 파괴당했다.

고가화는 완충지대인 '측도'(환경 공간) 설치가 의무화되어 있지만 반대운동으로 매수가 이뤄지지 않고 있다. 철거를 당한 사람들의 생활이 그 후 어떻게 되었는지는 별문제로 하더라도 남아 있는 주민들은 복복선으로 폭이 배나 넓어진 선로뿐 아니라 도로에 의해서도 생활공간을 차단당하는 결과가 되어버렸다.

사람이 살아가는 거리가 콘크리트 무기질 공간으로 변해버려 정감이라고는 찾아볼 수 없게 되어버리는 일은 이 주변을 걸어보면 금방 알 수가 있다.

'고가는 새로운 소음을 일으킨다.'

도로와 접한 고씨 집 울타리에 청색 깃발이 묶여 있다. '고가절대반대' 간판은 오다큐 고가를 재검토하는 모임이 만들었다.

"지역 일체화가 실현되고 철도 선로 주변 마을가꾸기에 도움이 되는 일입니다."

도쿄도와 세타가야구, 오다큐 전철이 연명으로 주민들에게 배부한 설명서의 홍보문안이지만 엉터리도 이런 엉터리가 없다. 고가도로 밑은 '클로젯'이라는 이름의 '트렁크룸'이 되어 마치 창고거리가 된 느낌이다. 마을가꾸기는커녕 마을죽이기였던 걸 한눈에도 알 수가 있다.

우메가오카역 앞의 한 주택. 고토쿠사에 있는 고씨 집보다 더 심하게 남쪽 경관을 차단당해 마치 플랫폼이 머리를 덮치는 꼴이 되어 있었다.

"불편은 합니다만 공적인 일이기 때문에 반대는 못합니다."

그 집 주부는 체념한 듯한 어조로 말했다. 설명서에는 "운행시간 단축 등으로 수송능력을 개선할 수 있습니다"라고도 적혀 있다.

'공적인 일이기 때문에 반대할 수 없다.'

이런 의식은 철도회사와 도쿄도 직원들이 설명회 등을 통해 주입한 것이기도 하지만 일본 서민 의식의 밑바닥 깊은 곳에 뿌리 깊게 박혀 있는 관념이기도 하다. 개인생활은 희생을 하더라도 공(公)의 이익을 우선해야 한다? 개인은 참을 수밖에 없다면 그것을 민주주의라고 할 수 있을까. 이때 '공'은 가면을 쓴 대기업이기도 하다.

법원, 고가화 사업인가 취소

고토쿠사역 앞에서 만나 상황을 설명해주신 분은 오다큐 소송 원고단 후쿠오카 히로시(福岡弘, 69) 부회장이다. 샐러리맨이었던 현역 시절에는 해외에 나가 석유 구매 일을 했다고 한다. 후쿠오카 씨는 잰걸음으로 우리를 안내하다가 다소 화난 표정으로 "이런 도로가 필요하다고 생각하십니까?" 하고 자꾸만 물었다.

문제의 사업계획은 오다큐선의 우메가오카역에서 기타미역까지 대략 6.4km를 복복선화, 고가화하면서 건널목이 있던 도로의 폭을 넓히는 일이었다. 또 폭 54m의 외곽환상선을 포함해 폭 15m, 지름 20m 도로를 남북으로 8군데나 신설한다고 한다.

후쿠오카 씨가 데리고 간 곳은 우메가오카 니초메 주택가 내 도립

高架は新しい騒音をマキ
高架を見直して全線地下
小田急高架と街づくりを見直す

오다큐(小田急)선 고토쿠사 주변 고가선로는 거대한 성채가 되어 도심 주택가를 갈라놓고 있다.

고등학교 터의 옆을 관통하는 '간선가로보조선 154호' 도로건설 현장
이었다. 우메가오카역을 향해 주택을 철거하고 폭을 넓히는 공사가 진
행 중이었지만 마치 대개발 구역처럼 황량해서 사람 그림자도 보이지
않았다. 인접한 고쿠시칸대학 옆으로도 같은 방향으로 도로가 관통하
고 있다.

이 철도 수송력 증강 공사는 건널목을 없애고 고가화하는 김에 그
밑에 남북으로 빠지는 자동차도로를 통과시키는 것이 목적이라는 걸
알 수 있었다. 고가화는 이곳뿐이기 때문에 선로는 마치 제트코스터처
럼 갑자기 높이 들려 올라간다 싶더니 고급 주택지인 '세이조학원 앞'
에서는 조심을 한 듯 지하로 들어갔다가 다시 땅위로 나오는 곡예노선
으로 만들어져 있다.

고씨와 후쿠오카 씨는 소음공해를 발생시키지 않고 일조권과 경관
권도 침해하지 않는 지하화를 요구해왔다. 이에 대해 오다큐 측은 고
가방식은 1천 900억 엔인데 비해 지하화는 3천~3천 600억 엔으로 비
용이 배가 된다고 주장했다. 하지만 지표에 전차를 달리게 하면서 그
바로 밑을 실드공법으로 2층 2선 지하철로 만든다면 1천 950억 엔이면
된다고 경제학자인 지카라이시 사다카즈 씨는 추산했다.

고가공사는 '선증(線增)연속입체교차사업'이라고도 하는데 철도
사업이 중심이 아니라 도로를 신설하고 폭을 넓혀 도시를 재개발하는
것이 주목적이다.

"가솔린세, 자동차중량세 등의 재원을 기본으로 건설성 도시국 소
관의 국고보조를 받아 도쿄도 도시계획사업으로 시공합니다."

주민들에게 나눠준 팸플릿에 쓰인 대로 도로특정재원 사업으로
93%나 되는 공공예산(52.5%는 국비, 나머지는 도쿄도·구가 부담. 후

에 86%로 축소)이 투입되고 오다큐의 부담은 7%뿐인 도깨비방망이 같은 일이 척척 추진되는 것이다. 두말할 것도 없이 안전이라는 미명으로 철도공사에 편승한 '개발' 사업이다.

나는 거품경제 때의 망령 같은 '고가화' 이야기를 듣고 나카소네 야스히로 전 총리의 얼굴을 떠올렸다. 아직도 악명 높은 나카소네 '민활(민간활력)'의 '수도개조계획(1985년 5월)'은 당시 가네마루 신 부총리 겸 민활 담당 장관, 스즈키 순이치 전 도쿄도지사 등에 의해 추진됐다. 민활이라는 것은 민간자본을 활성화시키기 위한 정책에 불과했다. 대형 건설회사 사원이 선거 동원부대가 되어 자민당 정권을 유지해왔다. 요즘은 야마테(山手)선을 빙 둘러 고가화한다고 나카소네 씨는 말하고 있다.

6.4km 정도의 '도시계획원안' 설명회에는 오다큐뿐만 아니라 다이세이건설, 하자마구미 소속 사원들이 6곳에 2천 명이나 동원됐다. 역 건물 공사와 도로건설에 동반되는 아파트건설 증가 등의 재개발 사업은 모두 1조 엔을 넘을 것으로 예상되는 대규모 사업이다.

대자본의 이익을 위해 시민이 희생되는 개발을 억지로 밀어붙이는 시대는 지났다. 2001년 10월 도쿄 지법은 사업인가취소 소송에 대해 원고의 호소를 인정하는 판결을 내렸다. 법원은 고가식에 대해 다음과 같이 비판하고 있다.

'고가식에는 지하식이라면 고려할 필요도 없는 환경 악영향이 예측되기 때문에 이 점에 있어 지하식의 우위성은 명백해서 이와 반대되는 결론을 이끌어내는 것은 사회통념에 비춰서도 잘못이라고 말할 수밖에 없으며……."

"보다 신중하게 검토한다면 사업비용 면에 대해서도 고가식과 지하식 어느 것이 나은지 결론이 바뀌거나 그 차이가 상당히 줄어들 가능성이 충분히 있었음에도 불구하고 이 점에 대한 충분한 검토를 검치지 않는 상태에서 고가식이 압도적으로 유리하다는 전제로 검토를 행한 점에서 사업적 조건의 판단내용은 현저히 잘못됐다."

후지야마 마사유키 재판장의 판단은 다음과 같이 명쾌하다.

"…… 단순히 편리성 향상이라는 관점을 위법상태의 해소라는 관점보다 상위에 놓는 결과를 초래할 수 있다는 점에서 법적으로 도저히 간과할 수 없고, 사업비의 신중한 검토를 빠뜨려 이 때문에 지하식이 아닌 고가식을 선택하는 최후의 결정적 근거가 된 것이라면 확실한 근거 없이 더 우수한 방식을 채용하지 않았을 가능성이 높다는 점에서 중대한 하자라고 말하지 않을 수가 없다. …… 본 건 각 인가에 대해서는 그 나머지 점을 판단할 필요도 없이 위법이라고 말하지 않을 수가 없다."

대법원에서 뒤집힐 가능성

그러나 건축기준법 위반과 같은 것조차도 '저지른 놈이 이긴다'는 분위기가 만연해 있다. 사기·위계 등의 부정이 있어도 대기업이나 정부, 지자체의 개발 사업은 인정을 받고 법원이 잘못된 사업 인정이라고 판단해도 원상 복구되는 경우는 거의 없다. 건설장관이 도쿄도에 내린 '사업인가'는 위법 판결을 받았는데도 피고 측이 항소하면서 공사를 강행했고, 3년 후인 2004년 2월에 완성된 고가선로를 전차가 달리기 시작했다.

복복선화에 의해 출퇴근 정체가 해소되고 고가화에 의해 건널목

사고가 없어진다고 말한다면 대개는 입을 다물 수밖에 없다. 그 점을 이용해 도쿄 고법은 2003년 12월 원고 53명의 호소를 기각해 1심을 뒤집는 판결을 내렸다.

고가를 떼어내 지하철로 바꾸라는 것은 현실성이 없다고 생각하기 쉽다. 그러나 긴 역사로 보면 원고단이 주장하고 있는 것처럼 장래 고가 자리에 '초록 회랑'이 실현되게 될 것이다. 지금은 너무나 이상한 거리가 되어 있다. 측도 등의 관련 공사는 지금도 계속되고 있다.

"시끄러워서요……."

고 에쓰로 씨는 얼굴을 찌푸렸다.

도쿄 고법 판결은 사업지에 부동산을 가진 지주가 아닌 원고는 재판을 받을 권리가 없다는 '원고적격'을 부정한 것이었다. 그러나 상고를 받은 대법원에서는 '행정사건소송법' 개정으로 원고적격이 확대되는 일도 있으며 2005년 3월에 심리를 대법정에 회부했다. 대법정은 소법정의 판결을 변경할 수 있다.

"이 사업은 14년 걸려도 끝나지 않습니다. 대법원의 대법정 회부는 행정소송의 문호를 넓히고, 원고적격이 인정되면 고법 판결은 파기됩니다. 이제부터 '저지른 놈이 이긴다'는 관행은 인정할 수 없습니다. 고가 밑의 불필요한 도로계획은 중단시킬 수 있습니다."(원고변호인단 단장 사이토 교 변호사)

나리타공항이 국제적 결함 공항이 된 까닭은

여객기가 나리타공항 '잠정활주로'에 진입하거나 혹은 이륙해 급상승하는 순간 눈 아래로는 민가와 밭, 닭장 그리고 공동작업장과 락교공장이 한 덩어리가 되어 살고 있는 것을 볼 수 있다. 지바현 나리타시 도호(東峰) 마을이다.

그 녹지 한 모퉁이를 강판 철책이 둘러싸고 있다. 거기서부터 거대한 콘크리트 공간이 펼쳐지기 때문에 마치 밭이 우리에 갇힌 듯 보일 것이다. 더 애처로워 보이는 것은 활주로 남단의 도호 신사다. 경내의 신목은 공항공단(지금은 민영화되어 '공항회사')에 의해 불법적으로 단숨에 벌채됐다. 울창한 숲이었지만 신사 본전은 발가벗겨진 듯 드러났고 제트기 분사와 소음을 정면으로 뒤집어쓰고 있다. 마치 신이 고문을 당하고 있는 형국이다. 경내로 향하는 참배로만이 높은 철책에 둘러싸여 보호받고 있다. 마치 교도소 운동장처럼.

전후 가족의 개척 역사가 아로새겨진 삶의 터전은 철과 콘크리트에 갇히고 말았다. 그 무기질의 공간에서 거대한 여객기의 날개가 빈번하게 허공을 가르고 있는 것이 철책 너머로 보인다. 공항 한가운데에 마을 형태가 남겨지고 농부와 비행기가 동거하고 있는 것은 아무리 세상이 넓다 해도 이 공항뿐이다.

이런 기묘한 광경은 공단이 농민을 설득하지 못하고 용지매수에 실패한 데 기인한다. 비행기만 띄우면 그 녀석들은 소음을 못 견뎌 나갈 거라고 생각했을 옛 운수성 관료의 악의와 오만이 빤히 들여다보이는 현장이다.

국제적 '결함공항'

나리타공항 제2활주로의 정식명칭은 '잠정평행활주로' 다. 제1활주로는 4천m. 그것과 평행한 제2활주로의 길이는 사업계획에서는 2천 500m였다. 그런데 농민의 존재와 농민의 의사를 무시한 너무나 일방적인 공항건설이 강한 반발에 부딪혀 용지매수에 착수하지도 못한 채 건설은 방치돼왔다.

2002년 4월, 공항공단은 월드컵 개최 때문에 운항 편수가 많아진다는 구실로 사업계획에서 320m나 모자란 2천 180m의 활주로로 운영개시를 추진했다. '잠정' 이라는 그럴듯한 용어를 붙여 비행기를 띄우기로 한 것이다. 월드컵 경기가 끝나고 5년이 지난 지금도 아직 '잠정' 인 채 그대로다. 일본 정치판에 활개치고 있는 관료적인 '거짓말' 에 의한 거짓 공항인 셈이다.

처음 신 국제공항 건설이 각의에서 결정된 것은 1962년 이케다 하야토 소득배증 내각 때였다. 정치가들의 이권이 얽히면서 예정지는 지바현 도미사토, 이바라키현 가스미가우라, 도쿄만 매립 등으로 갈팡질팡했다. 나리타시 산리즈카(三里塚)와 시바야마마치(芝山町) 사이에 있는 밭으로 '불시착' 한 것은 1966년 7월이었다. '긴급한 국가적 사업' 이라며 빨리 만들지 않으면 마치 사고라도 날 듯 다그쳤지만 실제 개항한 것은 12년 후인 1978년 5월이었다.

당초 계획은 활주로가 3개였지만 개항 때는 하나뿐인 '반쪽공항'

으로 시작됐다. 처음부터 '잠정공항' 이었던 셈이다. 그것도 부분 개항을 예정하고 있던 3월 말에 공항의 심장인 관제탑을 반대파가 점거해 개항이 2개월이나 지연되기도 했다.

최초 계획부터 농민은 전혀 대화 상대가 아니었다. 제멋대로 땅에 선을 긋고 야음을 틈타 매수공작을 벌였다. 농민들이 저항한 것은 당연한 일이었다. 서 있는 나무에 체인으로 몸을 묶거나 땅을 파서 숨고 요새를 쌓아 농성을 벌였다. 기동대원을 투입하여 저항하는 주민을 집에서 끌어내고 집과 토지를 강제로 수용했다. 그것은 군사침공, 점령이라고도 할 수 있는 방법이었다. 나와 친한 농민들 대부분이 당시에 체포된 적이 있다. 그들의 분노와 강인함은 격렬한 투쟁이 된 역사에 각인돼 있다.

반대를 이유로 부상당한 사람이 얼마나 되는지도 모른다. 내가 기억하는 것만으로도 기동대가 수평으로 쏜 최루탄에 맞아 한 사람이 숨졌다. 화염병의 불길에 휩싸여 숨진 청년이 한 명, 투쟁이 한참일 때 자결한 청년도 둘이나 된다. 경찰 측도 세 명이 숨졌다. '피로 물든 공항' 이라 해도 과언이 아닐 것이다.

세계를 향해 열려 있어야 할 국제공항이 강제대집행이라는 강권국가의 수법에 의해 농민의 토지를 빼앗아 건설됐다. 이 때문에 나리타 공항은 '강권공항' 이기도 하다.

하루 종일 엄습하는 소음

당초 계획했던 길이를 채우지 못해 불완전하게 된 '평행활주로'는 월드컵 개최를 핑계로 '잠정' 이라는 이름을 달고 일방적으로 사용하기 시작했다. 활주로 사용 여부는 농민과 대화로 결정한다는 것이 정부(당시 운수성)의 약속이었다. 당시 나카무라 도오루 정무차관이 공항공단 총재로 취임했기 때문에 그 약속을 잊을 리가 없다. 나는 '국가는 예의도 없는가?' 라는 제목으로 글을 써서 약속을 깨고 비행기를 띄운 공단을 비판했다.

2006년 11월 어느 날, 비행코스 바로 아래쪽에 사는 시마무라 쇼지 씨에게 부탁을 해서 그 집 2층 방에 묵었다. 비행시간은 오전 6시부터 밤 10시까지. 그 소음을 한껏 체험해보기로 작정한 참이었다. 소음계는 담당 편집자인 I씨가 준비해줬다.

시마무라 씨 댁에 도착한 것은 오후가 되어서였다. 그날은 북풍이 불었다. 때문에 비행기는 맞바람이 되는 북쪽으로 착륙한다. 남측 창에서 하늘을 올려다보니 착륙을 기다리는 비행기가 솔개처럼 크게 선회하고 있다. 그 가운데 500인승 슈퍼점보기는 우측으로 크게 벗어나 4천m 활주로로 거침없이 나아간다.

활주로가 짧은 이쪽으로 오는 것은 아시아항로를 중심으로 항속거리가 짧은 중소형 제트기다. 이륙하는 비행기가 활주로 남단을 향해 달려가는 소리가 끊임없이 들려온다. 바로 곁이 유도로이기 때문이다.

먼 하늘에 빨간 점이 보이는가 싶더니 점점 커지며 다가왔다. 지붕 바로 위까지 오는 데는 1분 이상 걸렸다. 창문의 왼쪽 위를 '쾅' 하는 굉음과 함께 스쳐 지나간 뒤 쿵하는 육중한 땅울림이 들렸다. 착지하는 소리다.

'끼익~'

곧 이어 금속성의 듣기 거북한 소리가 났다. 브레이크를 거는 소리다. 창문을 열자 역분사 바람이 몰아쳤다. 소음계를 보니 99.7데시벨을 나타내고 있다. 철로 밑에서 전차가 머리 위를 통과하는 소리와 맞먹는 음량이다. 지금은 아직 하루 130기 정도지만 러시아워 때 지하철 운행과 마찬가지로 아침과 저녁에 집중되어 있다.

이튿날 아침 6시부터 도착편이 날아왔다. 그 소음 때문에 눈을 떴지만 바로 일어나지 못하고 가만히 이불을 말고 소리를 들었다. 맞바람을 안고 이륙하는 출발편 비행기는 힘껏 짓밟는 듯하면서 지붕 위를 단숨에 상승했다. 시마무라 씨에 의하면 그 회오리바람으로 기와가 떨어졌다고 한다. 그 출발편의 굉음에 대해 아래와 같이 묘사한 적이 있다.

하늘에는 계단이 있다. 그 계단을 덜컹덜컹 진동시키며 엔진을 전면 가동한 보잉777이 급상승해 간다. 폭이 넓은 거대한 쇠뭉치를 억지로 끌어올리는 듯한 무거운 마찰음. 그 최대 음향이 통과하는 순간 유조선 바닥처럼 폭이 넓은 흰 동체가 기와지붕 위 공기를 으깨며 지나가는 것이 느껴졌다.

아시아 각국을 향하는 여객기는 몇 백 톤이나 되는 강철재 기체와 꽉 채운 가솔린탱크, 330명이나 되는 승객, 그들의 가방에 터질 듯 쑤셔 넣은 선물 등 모든 무거운 것들을 실은 채 목조건물인 농가를 밟아 뭉갤 듯 지붕을 스쳐서 날아갔다. 주변 가구가 진동하고 공명했다.

항로 바로 밑 시마무라 씨의 집 거실 테이블에 마주앉아 굉음의 폭풍이 지나가는 것을 참았다. 대화는 중단된 채였다. 불안에 싸인 기묘한 침묵이 흘렀다. 눈을 내리깔고 입을 다물 수밖에 없었다.

제트여객기가 머리 위 40m 위를 통과하는 소리는, 예컨대 열차가 달리는 철로 아래에서 듣는 금속이 격렬하게 부딪히는 소리보다 몇 십 배 더 위압적이다. 이착륙은 저녁 무렵부터 밤에 몰려 있다. 비행기 한 대가 멀어지는 기색에 안도의 숨을 쉬려니 곧바로 다음 비행기의 폭음이 점점 커지면서 엄습했다.

폭격연습장에서 급강하하는 미군 전투기는 기체가 가벼운 것 치고는 소음이 심해 밖에서 대화하기 어렵다. 그래도 이처럼 압도적이고 폭력적인 소음은 아니다. 전쟁터조차 머리 위 40m를 날아다니는 대형 수송기 같은 것은 없을 것이다. 가벼운 음을 내는 소형비행기가 왔을 때야 안도의 숨을 쉴 수가 있었다.

2006년 8월 1일자 『노동정보』

굉음은 하루 종일 하늘에서 쏟아졌다. 대화가 중단되기 때문에 욕을 내뱉고 싶을 정도였다. 게다가 40m 상공의 나무 끝을 스치듯 지나가는 비행기가 조종간을 너무 밀었다간 집안으로 쳐들어올 듯한 공포심까지 느껴졌다. 그것은 고문과 진배없었다.

도호마을에는 3.6ha의 미매수지가 있고 5명이 거주하고 있다. 전쟁이 끝나고 시마무라 씨의 아버지가 개간한 고난의 밭을 지금 모친과 시마무라 씨 부부, 두 아들이 경작하고 닭과 돼지를 키우며 생활하고 있다. 60년에 걸쳐 쌓은 풍요한 유기토양은 이전하거나 이식할 수 있는 성질의 것이 아니다. 농사를 짓고 있는 옆에 제멋대로 들어와서 나가라는 것은 조폭보다 더 나쁜 짓이다.

공항공단은 지금 민간회사가 됐다. '평행활주로'가 완성되면 연간 영업이익이 280억 엔에서 380억 엔으로 증가한다고 김칫국을 마시고 있다. 공항회사는 시마무라 씨 부부를 설득하는 데 실패해 320m 부족

나리타공항 활주로 인근 농가를 덮칠 듯 스쳐가는 항공기.　ⓒ이다 히로유키(伊田浩之)

분을 결국 연장하지 못하자 계획을 바꿔 북쪽으로 늘려 해결하기로 했다. 그래서 겨우 2천 500m가 되지만 최근에는 도호마을을 이전시켜 3천m로 만들려 한다는 소문도 나오고 있다.

나리타공항 문제는 인간의 목숨인 식량을 만들어내는 독실한 농가를 공항회사의 돈벌이를 위해 쫓아내려는 것이다.

시즈오카공항 토지수용에 저항하는 농부들

시즈오카(靜岡)역을 지난 뒤 오이(大井) 강을 건너 다시 서쪽으로 쾌속질주한 도카이도(東海道) 신칸센 히카리는 눈앞에 다가오는 터널로 쑥 빨려 들어간다. 그 터널 위의 산을 깎아 평탄하게 한 뒤 공항을 만든다는 걸 누가 상상이나 했을까? 횡포, 무모, 무리, 억지, 폭거, 우거(愚擧). 제네콘*에 세금을 쏟아 붓는다고밖에 생각할 수 없는 쓸데없는 공항 계획을 차와 밀감을 재배하는 농민들이 나서서 용감하게 저지하고 있다.

* 종합건설회사

"낭비적인 공공사업에 가담하고 싶지는 않습니다."

용지매수를 거부하고 있는 지주들의 주장이다. 이에 대해 이시카와 요시노부 시즈오카현 지사는 강제대집행을 하겠다는 위협을 계속하고 있다. 악덕관리라고 말할 수밖에.

시마다(島田)시 유이(湯日). 자동차로 제일도메이(東名)고속도로에서 오이강을 건넌 뒤 나란히 흘러내리는 유이강을 따라 거슬러 올라갔다. 차밭이 있는 산길에 오이 도시오(46) 씨 집이 나왔다. 곧장 집안으로 난 길을 오르자 8.5ha에 이르는 울창한 삼나무 숲과 차밭이 펼쳐졌다. 숲속에서 굵직하면서도 화가 난 듯한 목소리가 들렸다. 다가가 보니 좁은 길에서 감색 비닐 점퍼를 입고 흰 헬멧을 쓴 현 직원들과 그 앞에 버티고 서서 침입을 저지하려는 지원자들이 서로 노려보고 있다.

2005년 11월 29일. 이 날은 매수에 실패한 예정지 내의 농지를 강제로 빼앗는 준비절차로 '강제측량'을 하는 첫날이다. 피켓 틈 사이로 현 직원과 그 배후에서 역시 헬멧 작업복 차림으로 대기하고 있는 하청업자 일단이 일거에 덮치려 하고 있다.

선두에 서 있는 현 간부직원은 보란 듯이 부하 직원에게 '높은 패찰'을 들려놓았다.

토지수용법 제35조 조사 방해를 중단해주십시오.
2005년 11월 29일 현지본부장 고마쓰 유키오

그들은 경고문이 인쇄된 모조지를 마치 암행어사 마패라도 되는 양 농민과 지원자들의 얼굴에 들이대고 있었다.

행정 민주화를 위한 투쟁

"물러가세요!"

굵은 죽봉을 허리에 찬 사쿠라이 다테오(57) 행동대장은 벤케이(辯慶)*처럼 앞으로 나오려는 현 직원 3명을 제지하면서 날카롭게 소리쳤다.

* 12세기 무술이 뛰어났던 승려

"물러날 수 없습니다!"

비슷한 또래에 정년이 다 된 듯한 무표정한 '측량대장'이 도로 밀쳐내면서 받아쳤다.

"당신들은 어떤 일에 가담하고 있습니까? 적자가 될 공항공사에 앞장서고 있는 것을 아세요?"

"적자가 되지 않도록 노력하는 것이 우리의 일입니다."

"돌아가세요! 왜 타인의 재산에 마음대로 손을 대려 합니까?"

"토지수용법 제35조에서 허가한 행위입니다."

"그런 건 시대에 뒤떨어진 악법입니다."

"정부도 나리타공항 확장공사에 강제대집행은 하지 않겠다고 합니다. 이런 야만적인 행동은 시즈오카현뿐이에요."

"하여튼 조사를 하게 해주세요."

공방은 끝없이 이어졌다.

그날 사쿠라이 가쓰오 시마다시장 명의로 허가된 '장애물벌제' 대상은 대나무 0.1ha와 울타리 200m였지만 현이 오이 씨에게 보낸 통보서에는 0.3ha로 틀리게 기재되어 있고 어느 목책인지도 지정되어 있질 않았다. 서류 미비를 지적당하자 측량대는 주춤했다. 그래도 현은 직원 150명과 업자 350명 등 모두 500명의 '측량대'를 6개 반으로 편성해 기회를 엿봐 들이닥치려 했다.

그런데 이를 막고 있는 것은 아쉽게도 네 명의 지주와 50명이 채 안되는 지원자들뿐이다. 중과부적이었다. 일부러 큰 '경찰' 완장을 찬 형사들이 기록지와 카메라를 손에 들고 마치 스모 심판처럼 바로 곁에 서서 지켜보고 있다. 혼란 상황을 기록해서 체포할 때 도움을 받기 위해서다. 이들은 반대파가 소수인 것을 깔보고 있다.

"땅에 말뚝을 쳐도 가슴에 말뚝은 박을 수는 없다."

저항하는 농민의 명언으로 유명한 1950년대 '스나가와 투쟁', 관제탑 점거를 낳은 1970년대 '나리타 투쟁.' 그들의 실력 투쟁에 많은 농민, 노동자, 학생, 시민이 동참해 싸우다 피를 흘렸고, 갖가지 일화도 남겼다. 거기에 비하면 시즈오카공항 반대 투쟁은 너무나도 소수다. 자기 혼자 살아가기에도 벅찬 '무관심'의 시대상을 단적으로 보여준다.

50대에서 70대가 중심인 측량 저지 지원자들은 누구의 부탁을 받은 게 아니다. 현정 민주화를 생각하기 때문에 모인 것이다. 우리는 가지런한 차밭 가운데를 지나 좁은 산등성이를 따라 급경사 산길로 나아갔다. 오른쪽에 독수리 둥지 흔적이 보였다. 희귀 야생 난도 자생하고 있다고 한다.

해발 205m. 이 주변 산의 정점인 삼각점 고지를 빠져나가자 돌연 눈앞에 공항 예정지가 펼쳐졌다. 초록의 산이 갈라지고 황량한 적토가 드러났다. 주변 나무들의 초록과 스루가만의 푸른 바다를 앞으로 한 자연 파괴의 광경은 참으로 무참했다. 붉은 먼지가 일어나는 가운데 버려진 듯 방치된 대형 덤프차와 화려한 트럭의 그림자가 조그맣게 보였다. 그 저편 바다 바로 앞 시가지가 시마다시다.

예측된 적자의 방치

그 풍경을 멀리한 채 바로 눈앞에 있는 것이 흰 헬멧에 안경을 쓴 현청 직원의 얼굴이다. 이곳에서도 말싸움은 되풀이됐다. 반대파는 기관총처럼 말을 퍼부어 상대를 질리게 하는, 즉 말의 바리케이드를 쳐 상대를 물러서게 할 수밖에 없다.

"35조에 의거한 조사를 실시하게 해주세요."

유급휴가를 받아 저지 대열의 선두에 서 있는 50대의 A씨가 따지고 있다.

"도둑놈이 조사하게 할 필요가 뭐가 있습니까?"

"우리는 도둑이 아닙니다."

40대 후반으로 커다란 안경을 낀 '대장'이 긴장한 표정에 불쾌한 듯 얼굴을 찌푸리며 항변했다.

"도둑이 아니면 강도입니다. 뒤에서 들이닥쳐 조사하려는 것 아닙니까? 그렇죠? 남의 재산을 빼앗으려 왔는데, 자 조사하세요, 할 사람은 없겠죠. 당신은 재산을 훔치기 위해서 뒤에 하청업체를 데리고 와 있는 것 아닙니까? 그게 현 직원이 할 일인가요? 시즈오카현은 낭비성 공공공사로 큰 적자지요? 스타디움 에코파에 300억 엔, 후지시 수영장에 78억 엔, 후지에다시 무도관에 36억 엔, 하마나코 가든파크에 240억 엔. 이시카와 지사는 불필요한 공공시설 건립에 돈을 쏟아 붓기만 하죠? 이번에는 적자공항에 1천 900억 엔. 그것으로 끝날까요? 천만에 2천억, 3천억 엔이 듭니다. 그걸 그만두게 하는 것이 현 직원이 할 일 아닌가요? 이 공사도 가지마건설과 다이세이건설의 공동사업에 낙찰률은 전부 97%에서 98%. 모두 담합이죠? 이시카와 지사 아래에서 담합 의혹과 자치성과의 관관접대, 비자금, 체포된 사람도 나왔습니다. 이런 공항을 도대체 왜 만듭니까?"

"수용법 35조입니다. 집행하게 해주세요."

"안 됩니다. 돌아가세요!"

일몰 시간이 되자 조사대는 오른쪽으로 돌아 바로 아래에 보이는 주차장으로 내려갔다. 우리는 오이 씨 자택과 가까운 수풀 속으로 되돌아갔다. 아직 아침과 같은 위치에서 정년을 앞둔 '대장' 이 끈질기게 대치하고 있다. 하지만 그들도 오른쪽으로 돌아 되돌아갔다. 시마다 시장이 허가한 강제측량은 15일 동안의 일출부터 일몰까지였다. 물론 지주인 오이 씨가 승낙한 적은 없다.

이튿날 아침 『아사히신문』(현판)은 '6개 반 중 4개 반이 작업에 착수했다. 나머지 2개 반은 저항에 부딪혀 조사에 착수하지 못했다' (11

월 30일)고 보도했다. 두 곳에 있던 2개 반은 실은 양동작전의 함정으로서, 측량저지대를 유인하는 역할이었던 셈이다. 행정의 정규부대가 게릴라 수법까지 동원하는 비열한 자세를 보여주고 있다.

이날은 공항예정지의 서쪽, 항공기의 진입로에 해당하는 부분으로, 소유권을 빼앗으려는 3.2ha와 사용권을 취하는 1.7ha를 중심으로 한 측량조사였다. 9월 초 6일 동안 예정지 내의 히바야시 고사쿠(68) 씨, 마쓰모토 요시히코(61) 씨의 차밭과 삼림에 침입한 강제측량은 저항에 부딪혀 끝내 사진측량밖에 할 수 없었다.

지리적으로 말하면 현의 동부에 사는 사람들은 3개의 활주로가 있는 하네다공항이 편하고 현 서부 사람들은 막 개항한 '중부국제공항'에 끌리고 있다. 신칸센이 경유하는 지역 주민들에게 '현영 공항'은 필요가 없다. 그런데도 현은 수요예측을 연간 106만 명, 아시아 등 국제선 32만 명으로 보고 있다. 이는 떡 줄 사람은 생각지도 않는데 김칫국부터 마시는 격에 불과하다. 도쿄편과 오사카편이 없는 공항은 비즈니스 승객이 적다. 지속적인 관광객 모집도 어려우니 당연히 경영 전망이 어두울 터.

이렇듯 적자가 뻔히 예측되는데도 산을 깎고 계곡을 메우려 한다. 지금은 사업비 1천 900억 엔이지만 이 돈으로 절대 해결될 리 없는, 시대에 뒤떨어진 현영 공항을 건설하려는 것은 대체 무엇 때문인가? 대규모 건설공사 그 자체가 목적이라고 생각할 수밖에 없는 것이다. 논리로 설득하지 못하자 끝내 '민주주의 국가'의 흉기, 시민의 재산을 폭력으로 빼앗는 강제대집행을 최후의 수단으로 경고하고 있는 지사는 이성을 잃었다고밖에 할 수 없다.

이틀째, 측량대는 드디어 저지선을 돌파하고 오이 씨의 부지에 난

입해 아무 거리낌 없이 측량을 개시했다. '신
분증' 제시를 요구당한 젊은 직원에게 계장으
로 불리는, 정년이 가까운 남자가 "보여주지
않아도 괜찮다"고 말을 거들었다. 그래서 거센
항의로 소란스러워졌다. 강제집행에 종사하는
직원은 신분증명이 의무이기 때문이다.

"경찰 불러!"

아무도 폭력을 쓰지 않았는데도 계장은 젊
은 직원에게 경찰을 부르라고 내뱉었다. 그
모습을 호주머니에서 카메라를 꺼내 순간적
으로 촬영한 직원이 있어 또 격렬한 항의를
받았다. '경찰조사'에 대비한 탄압체제의 철
저함이 엿보였다. 숲속 여기저기를 돌아다니
는 흰 헬멧과 작업복 차림의 사람들을 보면서
오이 씨는 분을 참지 못하고 말했다.

"마치 쥐나 족제비 같아요. 쫓아내도 쫓아
내도 들어와요."

지방권력이 도둑이 된 순간이었다.

개발예정지를 에워싸는 정책

깎여 평탄해진 '활주로 예정지' 한가운데
솜브레로(멕시코 모자)처럼, 혹은 분재의 바위
산처럼 산이 서 있다.

©이다 히로유키(伊田浩之)

시즈오카공항 부지수용을 위한 부지측량에 투입된 현청 직원들과 맞서고 있는 농부와 지원자들.

과거 미노베 료키치 도쿄도 행정(1967~1979)의 중추에 있다가 고향에 돌아오자마자 '공항이 필요 없는 시즈오카 현민의 모임' 공동대표가 된 시마노 후사키(73)씨의 안내로 우리는 주변이 무참히 깎여 속살을 드러내고 있는 산으로 들어갔다. 정상 부근에 '활주로 센터'라고 적힌 요란스런 간판이 서 있다. 해발 130m. 여기가 활주로 중심점이라니! 눈이 휘둥그레지는 기묘한 광경이었다.

매수가 끝난 인접 산림은 베이고 산이 파헤쳐져 붉은 흙이 드러난 민둥산이 됐다. 그 탓에 토지매도를 거부한 지주 소유의 삼나무 숲은 고사하거나 정면에서 불어 닥치는 바람을 받아 쓰러져 있다.

"이 주변에 9개나 되는 조정지가 만들어졌어요."

더블 슈트가 잘 어울릴 것 같은 시마노 씨는 좁은 산길을 신중하게 운전하면서 설명했다. 눈앞에 거대한 콘크리트 벽이 나타났다. 저수지다. 산림이 잘려나가 치수효과가 없어졌기 때문에 폭우 때 골짜기에서 쏟아져 내려오는 물을 받아낼 못이 필요하게 된 것이다. 그림으로 그려놓은 듯 알기 쉬운 자연파괴다.

농민들은 오래전부터 산의 경사면에 기름진 계단식 차밭을 일궈 시즈오카차를 생산해왔다. 차밭과 차밭을 지켜온 자연숲은 현 직원의 집요한 공략으로 매수되어 적토로 바뀌고 말았다. 이는 인접한 차밭이나 숲에까지 타격을 줘 반대하는 지주도 매수에 응하지 않을 수 없도록 만들었다. 개발지에서 볼 수 있는 '포위 압박 정책'이다. 이것만으로도 지극히 폭력적이지만 현은 용지를 강탈하는 '강제수용'으로 밀어붙이려 한다.

시즈오카공항은 최후의 지방 공항이라고 한다. 사가공항이 적자로 허덕이고, 효고현 하리마공항, 시가현 비와코공항 계획은 포기됐다.

지금 고베공항은 적자를 향해 활주하려 하고 있다. 이 공항은 가지마건설, 다이세이건설 등 제네콘을 위해서라는 말이 나오면서 '제네콘공항'이라는 별명까지 붙었다. 머지않아 현영에서 민영화되는 공항회사를 위해 왜 강권 그 자체인 '강제수용'을 실시하려 할까. 그것이 최대의 의문이다.

본토에서 멀리 떨어지고 인구가 비교적 많은 섬이라면 공항의 필요성을 이해할 수도 있다. 그래도 자연환경을 파괴하지 않고 강제수용을 강행하지 않는다는 것이 최대의 조건이다. 오가사와라처럼 도쿄에서 1천km나 떨어진 섬도 자연환경이 파괴된다고 판단하고 공항건설을 보류하고 있는 마당에 말이다.

'확약'을 지키지 않는 이시카와 현지사

시마다시와 마키노하라시에 걸친 마키노하라 대지에 건설될 예정인 시즈오카공항은 2천 500m의 활주로가 운영될 예정이다. 전체 면적은 530ha. 본체부만 190ha가 필요하다. 이중 미매수지는 모두 8.8ha. 네 사람의 지주와 공유자 320명, 입목트러스트* 1천 600명이 지키고 있다.

현은 이 땅에서 숲을 벗겨내고 콘크리트를 덮으려 하고 있다. 이런 자연파괴는 거기에 필적하는

* 일반인이 지주로부터 수목을 매입한 뒤 입목권을 내세워 개발을 저지하는 운동.

필연성과 긴급성이 있어야 타당할 텐데 결국 현 재정 적자를 극단적으로 늘리는 결과로 끝날 것은 불가피해 보인다.

1987년 12월 사이토 시게요시 전 지사가 건설지를 결정한 뒤 8년이나 지난 1995년 말, 이시카와 요시노부 지사는 다음해 예산의 대장성

예산 원안 내시를 하루 앞두고 막판에 부랴부랴 신청했다.

그는 "나를 정치적으로 죽일 셈이냐?"며 설치 허가를 미루는 운수성(당시)을 압박했다. 또 "100% 가까운 지주 동의를 끝까지 얻겠다"고 '확약' 하고 '확약서' 까지 제출했다. 그런 획책에 있었기에 '설치 허가'를 받을 수 있었던 것이다.

"100% 가까운 동의라는 것은 지주 284명 가운데 연락이 되지 않는 사람도 찾는다는 의미이지 소수 반대파를 남겨 강제 수용한다는 의미는 아닙니다."

시마노 씨는 약속을 휴지처럼 팽개친 지사를 비판했다.

기동대가 대거 투입되고 사망자까지 발생한 나리타공항은 현재 민영화됐고 공항공단이 운영하던 당시의 업무상 횡령 등의 불미스런 일이 드러나고 있다. 운수장관이 현지에 나가 사죄를 하고 "지금부터는 어떠한 상황이 발생해도 강경수단을 취하지 않겠다"고 확약한 것은 전근대 암흑국가와 같은 비민주적인 강제수용을 반성한 것이었다. 특히 주민과 가까워야 할 현 행정이 끝내 대의가 부족한 강권발동을 실시한다면 독재정치가 가지마건설, 다이세이건설에 이익을 유도해주는 것으로 의심받는 건 당연하다.

마키노하라 대지로 결정한 것은 공사비가 적게 드는 해안부 후보지를 제외한 채였다. 시마노 씨는 신청 당시 건설 사업비는 약 2천억 엔이었지만 이대로 건설이 진행되면 3천억 엔 이상이 될 것으로 예측한다. 이미 82m나 성토한 곳도 있다.

"지금부터 본체부와 항공기의 진입을 위해 장애 부분을 절토하는 부분(82ha)의 조성 등으로 공사비는 대폭 불어날 것 같습니다. 입지조건이 약간 비슷한 히로시마공항은 국내의 육상에 건설된 공항으로 절토, 성토량 모두 최대인 1천 600㎥에 2천 700억 엔이나 들었습니다. 시즈오카의 절토, 성토량은 2천 600㎥로 히로시마의 1.6배에 달할 것 같습니다."

또 야마다 히로히사 시즈오카현 포괄외부감사인은 2004년 감사보고서에서 "공항본체용지 조성공사는 대기업 제네콘을 중심으로 한 공동기업체 가운데 두 개 회사가 매년 낙찰 받았고 2000년도부터 2004년까지 이루어진 15회 입찰에서 평균 낙찰률은 96.5%로 높다"고 지적했다. 이것은 담합의 결과 이외에 아무것도 아니다.

논리적인 공항반대파

네 사람이 남았지만 반대파 지주는 여전히 건재하다.

마쓰모토 요시히코 씨는 월급쟁이를 그만두고 농업에 전념하기로 했다. 5ha의 산림과 2ha 밭에서 밀감과 복숭아를 재배하고 다시 산림을 개척해 밭을 넓히려던 차에 공항계획이 발표됐다. 산림 대부분이 용지에 포함됐다.

"처음에는 선조 대대로 내려온 밭과 산을 지키려 한 반대였지만 시간이 지나는 동안 여기는 자연이 풍요롭고 환경이 멋진 곳이라는 걸 깨닫게 되었지요. 그걸 후대에 전할 의무가 있습니다. 세금 낭비인 공항 건설 때문에 조상 대대로 내려온 토지를 넘겨줄 필요가 있을까 하는 생각이 강하게 들었습니다. 사실 여부는 알 수 없지만 1941년에 선조의 제사를 1천 100회나 지냈다는 비석도 있어요. 이곳은 채광이 좋고 토질도 좋습니다. 보수, 배수도 잘됩니다. 과실재배에 좋고 경치가 좋아요. 주변 사람들은 현이나 근무처의 압력을 받고 떠났습니다. 용지 가격은 시가의 배 정도였습니다."

히바야시 고사쿠 씨의 차밭은 1.8ha로, 여기서 대부분의 수입이 나온다. 그런데 토지의 반 정도가 공항에 걸친다. 또 논 1.1ha가 있고 겨울에는 그 일부에서 양상추를 재배한다. 산림이 2천m². 13대째다. 두 분 모두 옛 하이바라의 오래된 마을에 살고 있다.

"공항 예정지가 우리 지역으로 결정되었을 때 오사카와 나고야 그리고 도쿄의 요코타 기지 때문에 주민들이 소음 고통을 당하는 것을 신문 등을 통해 알고 있어서 큰일이 났다고 생각했죠. 젊을 때부터 농업의 외길을 걸어왔고 농사를 일평생의 과업으로 생각해왔어요. 그래서 제3자가 저의 인생설계를 바꾼다는 것이 견딜 수 없었습니다. 너희들 그곳에서 물러가라는 식의 행동은 제 성격으로는 도저히 용서할 수 없는 것입니다. 꼭 필요하다면 달리 생각할 수도 있지만 1현 1공항이라는 게 아무래도 납득이 가질 않아요."

선조 때부터 손에 익은 훌륭한 차밭 외의 대체지는 없다고 한다. 오이 씨는 고교졸업 후 2년간 농업경영자학교에서 공부한 후 부모한테 이어받은 차밭 2.5ha와 산림 13.9ha(이 중 공항의 조사대상에 8.5ha가 걸쳐 있다)를 경영하고 있고, 자신의 대에 와서 축산을 시작해 현재 육우 70마리를 사육하고 있다.

"처음에는 막연한 이야기였기 때문에 우리 토지가 어느 정도 들어가는지 몰랐습니다. 그래도 급격한 변화를 받아들이는 것이 우리 지역에 결코 도움이 되지 않을 거라고 생각했습니다. 그 뒤 계획이 바뀌어 제 땅이 대거 들어가게 되었지요. 그 사이 행정의 추진방식은 물론 우리 지역의 의원이 원만히 해결하자거나, 공항의 옳고 그름을 따지지 않고 매수 시작 전부터 보상으로 무엇을 받으면 좋겠느냐는 등 납득할 수 없는 일뿐이어서 점점 반대파가 됐던 것입니다. 현민을 위해, 공공의 이익을 위해서라지만 무엇 때문에 하는지, 그것도 저의 집이 큰 희생을 치르면서까지 하지 않으면 안 되는지 납득할 수 없었습니다. 그래서 땅을 팔기 싫다는 단순한 마음뿐입니다."

같은 세대 사람들 중 매수에 응한 이들은 차(茶) 공장 건설 보조와 대형기계 구입 시 보조 등의 우대책이 있었다. 하지만 '토목공사'를 위한 용지조성이기 때문에 자신이 만족할 만한 밭으로는 대체될 수 없었다.

무라타 도시히로(53) 씨의 경우 차밭이 1.2ha고 나머지는 밀감밭과 논이다. 젊을 때부터 외지에 나가서 돈을 벌다가 농번기에는 양친의 농사를 도왔다.

"내가 사는 곳이 좋은 곳이라고 생각했어요. 반대운동에서 한 사람이 빠져나가고 두 사람이 떠났지만 나는 같은 마을의 마쓰모토 씨나 히바야시 씨의 이야기를 듣고, 뭐 공항은 그렇게까지 해야만 되는 것은 아니라고 생각하게 되었던 겁니다. 여기저기 돌아다녀본 끝에 내가 살고 있는 곳이 가장 좋다는 걸 깨닫게 되었지요."

어릴 때부터 계절마다 다른 자연의 변화에 맞춰 생활해왔다. 그 생각이 강하다. 뿐이랴. 선조가 물려준 땅은 지력이 있어서 작업하기 쉽고 수익도 오른다. 개항 예정일은 몇 번이나 질질 끌었고 반대파 4명은 논리적으로 반대해왔다. 시작한 일이니 끝을 보자고 우기기보다는 틀린 것은 고치는 쪽이 훨씬 더 이치에 맞는 일이다.

2007년 7월 5일 지주 4명의 땅은 시즈오카현에 강제 수용됐다.

7장
엉터리 사회

아직 끝나지
않은 미나마타
환자의 고통

2004년 10월 15일 오후 5시 30분 환경성 회의실.

푸른색 정장을 입은 매끈한 달걀형 얼굴의 고이케 유리코 환경장관이 직원들을 대동해 회의실에 들어왔다. 이날 대법원은 미나마타(水俣)병으로 인한 피해가 확대된 책임이 칫소(주)(窒素(株))*의 배수를 규제하지 않은 국가와 구마모토현에 있다는 오사카 고법의 판결을 인용했다. 이날은 대법원 방청석 등

* 신일본질소비료㈜에서 개칭

에 있던 피해자와 지원자들이 환경장관에게 요구사항을 전달하기 위해 환경성에 온 것이다.

"장관은 이후에 용무가 있으니 20분으로 끝내주세요."

환경성 직원은 시혜라도 베푸는 양 생색을 내면서 거듭 다짐을 받아 피해자들의 불만을 샀다. 피해자와 지원자는 60명 정도. 좌우에 환경성 간부직원 세 명씩을 대동한 장관이 이들 앞에서 '환경장관 담화' 인쇄물을 읽어 내려갔다.

"저는 이 판결을 엄숙히 받아들이며 미나마타병을 발생시킨 기업에 대한 대응에 장시간이 소요되는 바람에 피해 확대를 방지하지 못한 점을 진지하게 반성합니다. 이와 같은 비참한 공해를 결코 다시 되풀이해서는 안 된다고 새롭게 다짐하고 있습니다."

판결문의 범위 내에서 한걸음도 나아가지 않은 채 결국은 어떠한 언질도 주지 않으려는 관료적인 작문이다. 현장에서는 언성이 높아

졌다.

"돌아가신 분들께 사과하세요."

"방금 말씀드린 것처럼 반성하고 있습니다."

장관이 냉정하게 변명하자 여러 곳에서 동시에 고성이 터져 나왔다.

"그것은 사과가 아닙니다. 말만 하지 말고 고개를 숙이세요."

가와카미 도시유키(川上敏行, 79) 원고단장이 앞으로 나와 고이케 장관에게 '요구사항'을 건넨 뒤 제자리로 돌아가 낭독했다.

"돌이켜보면 우리가 오사카 지법에 제소한 것이 1982년 10월. 오늘 판결을 맞이할 때까지 실로 만 22년을 허비했습니다."

가와카미 단장은 "22년의 세월이 흘렀지만 순식간이었다"며 자신의 감개를 덧붙였다. 정신없었다는 뜻이다.

"제소 당시를 포함하면 23명이 사망했습니다."

"환경성은 지금까지 우리의 질문과 요청에 대해 '계류중'이라는 이유로 회답을 거부하고 요청도 거부해왔습니다."

"무엇을 위해 환경성이 있는 겁니까?"

가와카미 단장은 무엇을 위해 환경성이 존재하느냐며 어처구니없다는 듯 따져 물었다.

총리부 산하기관으로 환경청(당시)이 만들어진 것은 미나마타병과 이타이이타이병, 대도시 대기오염 등 일본 열도 곳곳에서 심각한 공해가 발생했기 때문이다. 공해 방지와 규제, 환자 구제를 위해 만들어졌을 환경청이 지금은 '성(省)'으로 격상되고도 공해 피해자를 외면하는 역할을 하고 있는 데 대한 통렬한 비판이었다.

인간보다 칫소가 우선

가와카미 단장은 양복 차림이었지만 오랫동안 육체노동으로 생활해왔다는 것이 금방 드러나는 체격이었다. 말투에서도 형식에 구애받지 않는 성격임이 드러난다. 어릴 때부터 시라누이해에서 고기잡이 일을 했다. 질소 독에 생선이 대량폐사하고부터 어업으로 생계를 잇기가 어려워지자 뭍으로 나와 칫소화력발전소 석탄운반 하청회사에 들어갔다. 1994년 11월에 사망한 이웃 이와모토 나쓰요시 초대 원고단장도 어부로 생계를 잇기가 힘들게 되자 칫소의 하청기업에 들어갔다. 본의 아니게 가해자 회사에 말려들어가는 비운은 공해지대에서 흔히 볼 수 있는 일이었다.

가와카미 단장은 결론인 요구사항을 읽었다.

"먼저 대법원 판결이 나온 이때 국가가 해야 할 '피해발생방지', '피해확대방지' 의무를 게을리 하고, 더욱이 '환자의 조기구제' 의무를 태만히 한 것을 모든 환자에게 사죄해주시기 바랍니다. 그리고 간사이 소송 원고를 장기간 적대시한 것도 사과하십시오. 진심으로 부탁합니다."

요구 내용은 다음 네 항목이다.

1. 간사이 소송뿐 아니라 소송에서 미나마타병으로 인정받은 모든 환자에 대해 요양비 등을 지급할 것.
2. 52년 판단조건의 잘못을 인정할 것.
3. 식중독 사건의 원칙으로 되돌아가 현행 인정제도를 재검토하고 역학 연구에 바탕을 둔 환자구제책을 실시할 것.

4. 시라누이해 연안 일대의 환경조사와 건강조사를 실시할 것.

제2항 '(쇼와)52년 판단조건' 이란 1977년 7월 전까지 환경청 사무차관의 통지로 오염지역에 살고 있고 오염어패류를 섭취한 사람 가운데 감각장애가 있으면 메틸수은의 영향에 의한 것(미나마타병)으로 인정한 것(1971년 판단조건)을 감각장애만으로는 인정할 수 없고 주증상이 다른 증상과 함께 나타나야 한다고 변경해 인정조건을 강화한 걸 말한다. 환경청이 피해자 구제를 위한 의학적 인정기준을 버린 것은 '미확정환자' 를 늘려 보상금을 억제하기 위한 방책이었다.

"계류 중이어서 만나지 않았습니까?"

가와카미 단장은 낭독을 끝낸 뒤 면회가 계속 거부된 데 대해 억울함을 호소했다. 고이케 환경장관은 애매한 표정을 지으며 테이블 위에 놓인 서류 끝을 접었다 폈다 하고 있다.

"왜 미나마타병만 차별받아야 합니까?"

상대를 추궁한다기보다 자신의 의문을 들이대는 듯한 가와카미 단장의 말이 이어졌다.

"화해하자고 해놓고 정부가 나오지 않는 화해가 어디 있습니까?"

최초의 미나마타병 환자에 대해 칫소부속병원이 미나마타보건소에 '유례가 없는 질환 발생' 을 보고한 것은 1956년 5월이었다. 발병은 1953년 말. 반세기 전의 일이다. 그때 이미 질소공장에서 나오는 폐수가 의심을 받고 있었다. 만약 이 무렵에 바로 공장폐수를 규제했더라면 시라누이해에서 몇 만 명의 미나마타병이 대량 발병하는 사태는 막을 수 있었다.

하지만 환자는 기이한 병 취급을 받아 격리병동에 수용되거나 집을 소독당하는 등 모욕적인 처사를 당했다. 한센병에 대한 국가의 차별정책이 오랫동안 환자를 괴롭혔는데, 미나마타병도 마찬가지로 국가의 부작위가 돌이킬 수 없는 비극을 확대시켰다. 국가가 칫소의 폐수에 대한 규제를 엄하게 하지 않았던 것은 칫소가 생산하는 아세트알데히드가 유기합성 원료로서 고도성장을 향한 일본 산업계에 있어 필수품이었기 때문이다.

인간구제보다 산업육성.

이것이 이 나라 관료들이 떠받드는 사상이지만 이에 따른 큰 희생을 포함한 씁쓸한 혜택을 환자뿐 아니라 모든 일본인들이 받아온 것도 사실이다.

정부가 구마모토 미나마타병은 "칫소가 배출한 메틸수은이 원인"이라고 공식 견해를 밝힌 것은 1968년 9월. 이 무렵이 되어서야 겨우 주간지 취재차 현장을 방문한 나는 입원환자의 비참함과 그 비극을 만들어낸 하구의 아름다움이 대비되는 데에 새삼 잔혹함을 느낀 적이 있다.

가와카미 단장이 49세였을 때다. 오사카로 나와 공장 지게차를 타고 일하는데 몸이 벌벌 떨리기 시작하고 두통이 심해졌다. 미나마타에 살고 있던 부친과 여동생은 인정환자가 됐다. 아내인 가즈에 씨와 함께 가와카미 단장이 미나마타로 가서 인정신청을 한 것은 3년 후인 1973년 5월. 하지만 거부당했다. 그리고 그로부터 31년이 지났다. '칫소 미나마타병 간사이소송'으로 재판을 시작한 이래 22년의 세월이 흘렀다.

가와카미 단장 일행의 비판을 받고도 "오늘의 판결을 엄숙히 받아들인다"는 등 관료용어를 되풀이하며 빠져나가려는 고이케 장관에게 한 나이든 여성이 "당신 목숨 값은 얼마냐"고 따졌다. 아나운서로 일한 적도 있는 고이케 장관은 잠깐 고개를 갸우뚱하면서 이상한 표정을 지었다. 그 여성이 말을 뱉었다.

"환자와 같지요!"

이어 태아성 미나마타병 환자인 사카모토 시노부 씨가 신음을 내뱉듯 한마디씩 말을 했다. 잘 알아듣지는 못했지만 곁에 있던 사람이 그녀의 말을 받아 "22년, 참으로 길었습니다"라고 덧붙였다.

"일어나 머리를 숙이세요."

"말 뿐이겠죠."

"마음에 와 닿게 사과하세요."

원고와 지원자들이 쏘아붙였다. 고이케 장관이 들어온 지 30분이 흘렀다.

"정말 죄송합니다."

그녀가 결심한 듯 일어서며 고개를 숙여 인사했다. 좌측에 있던 간부 세 사람은 그 뒤에 일어섰다. 자기들과는 아무 상관이 없다는 것처럼. 오후 6시 5분. 장관은 비서와 직원들에게 에워싸여 퇴장했다.

대법원이 국가와 현의 책임을 겨우 단죄

그 뒤 다키자와 히데지로 환경보건부장 등 간부직원 6명이 교섭 전면에 남게 됐다. 대화는 장관이 사죄한 것을 구체화하는 것일 텐데 그들은 대법원 판단과 환경성 인정기준이 별개라고 주장하며 지금까지의 태도를 조금도 바꾸려 하지 않았다. 정부 사죄의 무게는 성의 있는 실행을 의미한다. 장관이 머리를 숙이는 의례로 끝날 일이 아니다.

"환경성은 왜 있는 겁니까?" 원고들이 힐난하는 것은 당연했다. 이 날의 대법원 판결은 국가와 구마모토현의 부작위로 인해 시라누이해 일대 2만여 미나마타병 환자(인정신청자)가 발생한 것을 인정했다. 환자의 비참함을 알고도 칫소 편을 들어 배수를 규제하지 않고 피해를 호소하는 환자를 '가짜환자'로 부르며 방치해왔다. 제1호 환자가 발생하고 나서 반세기나 지나 이 부끄러워해야 할 가혹함을 대법원이 겨우 단죄한 것이다.

판결문은 다음과 같다.

"1959년 12월 말 통상산업장관으로서 주무 장관이 정해야 하는 상기 규제권한을 행사하고 칫소에 대해 미나마타공장 아세트알데히드 제조시설로부터 나오는 공장배수에 대한 처리방법의 개선, 해당시설 사용의 일시정지, 기타 필요한 조치를 취하도록 명령하는 것이 가능했으며, 더욱이 미나마타병에 의한 건강피해의 심각함에 비추어 보면 당장 이 권한을 행사해야만 하는 상황에 있었다고 인정하는 것이 상당하다. 또 이 시점에서 상기 규제권한이 행사됐다면 그 이후 미나마타병의 피해 확대를 방지할 수 있었다는 점, 그런데 실제로는 그 행사가 되지 않았기 때문에 피해가 확대된 점도 명백하다."

"규제권한을 행사하지 않았다는 것은 …… 현저히 합리성을 결하는 처사이고 …… 위법이라고 해야만 한다."

이 결정에 따라 지금부터 행정의 책임과 태만함을 추궁할 수 있게 됐다. 또 구마모토현의 책임에 대해서도 "동 지사는 1959년 12월 말까지 현 어업 조정규칙 32조에 근거한 규제권한을 행사해야 할 자기 의무가 있으며 1960년 1월 이후 이 권한을 행사하지 않았던 것은 현저히 합리성을 결하는 것"이라는 오사카 고법 판결을 "인정할 수 있다"고 판시했다.

각각 명쾌한 판단이다.

부담이 늘지 않게 설정된 국가기준

기타가와 고지 재판장이 판결주문(判決主文)을 다 읽는 순간 대법원 제2소법정은 마치 원고 측이 패소하기라도 한 것처럼 불안과 동요로 얼어붙었다. 왜냐하면 주문에서 먼저 원고 10명의 이름을 열거하고 고법 판결에서 이 사람들의 국가에 대한 "청구를 인정한 부분을 파기한다"는 부분부터 시작했기 때문이었다.

국가와 현의 상고를 "기각한다"고 언도한 것은 겨우 4항에 들어간 뒤부터이고 그 전까지 이름이 거명된 이들은 패소의 타격으로 풀이 죽어 있었던 것이다. 이 사람들은 1959년 12월 말 이전에 미나마타에서 간사이 지구로 이주했기 때문에 고법판결인 배상명령을 취소한 것이지만 칫소는 이미 배상에 응했기 때문에 실제 피해는 없다.

무라야마 정부 때인 1995년 말 5개 미인정환자단체와 '구제'를 명목으로 한 정치적 타결이 이뤄져 국가 책임을 추궁한 '국가배상청구소송'은 취하됐다. 그러나 소수인 58명의 사람들이 그 '타결'을 거부하고 국가와 현에 책임추궁을 계속한 것이 간사이 소송이다. 제소 이래 22년. 원고 중 23명이 사망했지만 염원했던 국가와 현의 책임은 명백하게 됐다. 소수가 쟁취한 획기적인 승리다.

'무라야마 정치적 타결'이란 '미나마타병이 발생한 지역에서 미나마타병으로 진단을 받지는 않았지만 미나마타병에서도 나타나는 사지말단의 감각장애를 가진 자로서 그 증상으로 미나마타병이 아닐까 의심되어 심각한 불안을 갖기에 이르는 자가 적지 않게 존재하고 있으며', '이와 같은 자가 스스로 미나마타병이다, 또는 그 가능성이 있다고 생각하는 것은 무리 아닌 이유가 있으며……' 라고 한 중앙공해대책심의회의 답신에 따른 것이었다.

미나마타병이 아닐까 불안해하는 사람까지 보상을 받을 수 있도록 한 것은 관대한 것 같지만 실은 미나마타병으로 인정하지 않고 애매하게 한 사람당 260만 엔의 위로금을 지급하는 걸로 재판에서 손을 떼게 하려는 책략이기도 했다. 고령화된 환자들은 장기화되는 재판을 감당하기 어렵다. 그 약점을 쥐고 해결이 어려울 것 같은 상황을 강조해 끝내 굴복시켰다. '살아 있을 때 구제' 라며 은혜를 베푸는 듯한 속임수였다. 이것으로 행정 책임은 유야무야됐다. 치사한 수법으로 결코 국가가 할 짓은 아니었다.

중앙공해대책심의회의 제1회 회의(1991년 2월 26일)에서 환경청(당시)의 이와야 소이치로 특수질병대책실장은 다음과 같이 발언했다.

"국가의 판단조건이 부정될 경우 신청자가 대폭 증가하고, 그로 인해 칫소의 부담이 증가하여 도산하는 경우도 생각할 수 있으며, 그렇게 되면 현행 미나마타병 대책의 기본이 허물어질 염려도 있습니다."

국가의 판단조건이 무너지면 부담이 증가한다는 것은 부담이 증가하지 않도록 국가의 판단조건이 설정되어 있다는 자기폭로에 지나지 않는다. 이 국가의 판단조건은 1977년에 개정된 것으로 감각장애뿐만 아니라 운동장애, 시야협착 등의 모든 증상이 나타나지 않으면 미나마타병으로 인정하지 않는다는 것이다. 그 전까지는 '다른 원인으로 설명할 수 없는 미나마타병 증상이 하나(사실상 사지 감각장애)라도 있고 그 증상이 메틸수은 섭취의 영향이라는 것을 부정할 수 없는 경우는 인정한다'는 1971년의 차관 통지가 판단조건이었다. 하지만 환자의 대량 발생이 두려웠던 환경청이 보상비를 적게 하기 위해 인정기준을 강화한 것이다.

새로운 정부의 판단조건을 무턱대고 지키려는 이와야 실장은 "중앙공해심의회 선생님들은 중립인 것을 저는 알고 있고, 배신하시리라고는 생각하지 않기 때문에, 그 점 한 번 협력해주시길 부탁드립니다"라고 농담처럼 말했다.

중앙공해심의회 미나마타병 문제전문위원회의 위원장은 이가타 아키히로 가고시마 대학 학장이었는데 그는 이렇게 발언했다.

"심사회가 인정하지 않는 것은 절대 미나마타병으로 인정받을 수 없다는 주장에 대해 의사로서 다소 부끄럽게 생각하고 있습니다."

의사의 양심을 저버려서라도 행정에 봉사하는 것은 아마도 '국익'을 생각하기 때문이리라. 그러나 개인보다 국가가 소중하다고 생각하는 것은 권력자의 발상이지 인간의 생명을 다루는 의사의 것은 아니지 않은가.

인간의 생명을 돌보지 않는 관료들

고이케 장관이 자리를 뜬 뒤 원고, 지원자들과 마주한 다키자와 부장 등 환경성 간부들은 판결과 공해건강피해보상법(공건법)은 인정기준이 서로 다르다고 주장하며 물러서지 않았다. 그 인정기준은 중앙공해심사회가 만든 환자 배제의 '양심불량기준'이다. 가와카미 원고단장은 더 이상 참을 수 없다는 듯 말했다.

"오늘 판결이 내려졌는데 당신들은 또 뒤집으려고 합니까. 왜 그래야 됩니까. 아무리 생각해도 그걸 모르겠습니다. 부장님, 어떻게 생각하시는지 대답해주세요. 진단서 내고 신청했는데 30년이나 내팽개쳐져 있습니다."

"좀 전의 대답과 중복됩니다만 메틸수은 중독증이라는 법원의 판단과 공건법상의 인정기준을 분명히 한 미나마타병은 다르지 않습니까."

"그 점이 이상합니다."

가와카미 단장이 어처구니없다는 듯 반박하자 함께 있던 한 자원봉사 의사가 참지 못하고 일어나 말을 거들었다.

"40년 동안 미나마타병 환자를 진찰하고 있는데 공건법상의 미나마타병과 행정이 인정한 미나마타병과 간사이 소송 사람들을 구별할수 없습니다."

몸이 크고 풍채가 좋은 환경성 부장은 의학적인 미나마타병과 제도상의 미나마타병, 그 이중의 연막 저편으로 달아나려 하고 있다. 손바닥으로 하늘을 가리려는 그들을 보면서 '관료가 되지 못했던 사나이'가 떠올랐다. 야마노우치 도요노리(山內豊德). 그는 '정치적 타결'로 방향을 틀기 전 환경청 기획조정국장이었다. 그를 만난 적이 없지만 그가 스스로 목숨을 끊은 후 한참을 지나 그의 부인을 만났다.

1990년 9월 하순 도쿄지법도 국가와 현의 행정책임을 인정한 3년 전의 구마모토 지법 판결에 준해 화해를 권고했다. 구마모토현은 화해에 응하겠다고 했는데 환경청이 거부했다. 야마노우치 국장은 환경청을 대표한 기자회견에서 코멘트를 발표하는 역할을 맡는 등 당시 교섭의 전면에 있었다. 그는 미나마타시와 가까운 후쿠오카현 출신으로 다리에 가벼운 장애가 있은 적도 있어서 후생성에 들어가고부터 미나마타병에 관심을 두고 있었다.

화해할 생각이었던 기타가와 이시마쓰 환경청 장관은 미나마타를 방문하겠다고 환자단체에 약속했다. 전시성 제스처일지라도 장관이 미나마타를 방문할 때는 예산을 마련해 선물 보따리를 준비해야 했다. 하지만 대장성(당시)에서 파견된 야스하라 다다시 사무차관은 그걸 인정하지 않았다. 장관이 출발하기 직전 야마노우치 국장은 사표를 내고 자살했다. 기타가와 장관은 10개월 만에 퇴임했고 그 뒤 낙선했다. 오사카 네야가와시 자택에서 만난 백발의 기타가와 전 장관은 오자와 이치로 당시 자민당 간사장의 책모로 대립후보가 출마했다고 회고했다.

철저한 관료가 되지 못했던 야마노우치는 자살을 선택했다. 철저한 관료였다면 자살하지 않아도 되었을 것이다. 그 대신 '다소 부끄러운 생각'을 가지면서 몇 명의 환자를 죽게 만들었을 것이다.

산자수명(山紫水明)하던 지역이 메틸수은에 오염되어도 그 누구도 눈치를 채지 못하다가 생선과 동물의 생태에 이상이 나타나고 급기야 인간으로까지 파급되는 것은 묵시록 같은 비극이다. 그것을 가속시킨 것은 산업의 발전이 국익이 된다고 믿은 관료들이었다. 그들에게 소수 인간의 생명 따위는 아무 것도 아니다. 전쟁과 똑같은 논리다.

인정기준을 높인 것은 '공해은폐'의 한 방편이었다. 환자가 발생해도 인정하지 않는 이유는 예산 때문만은 아니고 현실이 두려워서다. 발생원에 대한 대책을 제대로 세웠다면 피해를 막을 수 있었다. 공해가 아닌 '관재'였던 것이다.

한센병도 에이즈도 행정이 제 역할을 했다면 피해를 줄일 수가 있었다. 대법원은 환자를 외면하는 것이 정의가 아니라고 판시했다. 관료가 이에 맞선다면 관료제도는 정의를 집행하는 데 걸림돌이 될 뿐이다.

가와카미 단장 등 소수의 저항이 관료제의 벽을 허물었다. 앞으로 운동에 주어진 과제는 많다. '미인정환자'도 지금부터 제소를 시작하려 한다. 국가와 결탁하고 있었다고도 할 수 있는 구마모토현이 지방주민의 호소를 짓뭉개버린 잘못 또한 너무나 크다. 행정이란 대체 무엇인가. 어떻게 행정이 주민에게 적대적인 존재일 수 있는가 말이다.

밤 9시 8분. 다음 모임에서 만나기로 하고 일단 해산했다. 국가의 책임을 명백히 한 대법원 판결이 나왔는데도 관료들은 구태를 답습하며 피해자를 외면하는 버릇을 고치려 하지 않고 있다.

미나마타병 간사이 소송 대법원 판결 후 구마모토와 가고시마 두현에서 새로운 인정신청이 잇따라 2005년 9월 말까지 3천 명을 넘었다. 또 2005년 10월 미인정환자들이 만든 '미나마타병 시라누이 환자회(회장 오이시 도시오)'는 국가인 구마모토현과 칫소에 손해배상을 요구하며 구마모토 지법에 제소했다. 원고단은 최종 1천 명 규모가 될 전망이고 집단소송은 1995년 미나마타병 정부 해결책으로 다수의 소송이 취하된 이래 처음이다. 가고시마현 내의 피해자 단체, 미나마타병 이즈미 모임(회장 오노우에 도시오)도 손해배상 소송을 준비하고 있다. 이 소송에 대해 고이케 장관은 인정기준을 개선하지 않을 생각을 드러내면서 화해에 응하지 않겠다는 태도를 보이고 있다.

31년 투옥 사야마 사건 의 진실

2004년 5월 25일 사야마(狹山) 사건의 재심 개시를 요구하는 집회가 열린 도쿄 히비야 야외음악당 무대 뒤로 이치노헤 아키라 스님이 찾아오셨다. 가나기마치 운쇼사(雲祥寺) 주지를 맡고 계신 분이다. 운쇼사는 다자이 오사무의 소설 '쓰가루(津輕)'로 널리 알려진 사찰이다. 다자이가 어렸을 때 하녀 다케가 다자이를 바로 옆 운쇼사 본당으로 데리고 가서 벽에 걸린 '지옥도'를 보여주었다고 한다. 교훈적인 그 그림이 다자이의 정신세계를 형성하는 데 크게 영향을 끼친 것으로 알려져 있다.

확대되는 대법원 재심 청구

1963년 5월 1일 사이타마현 사야마시에서 발생한 여고생 살해 사건은 그로부터 41년이 지난 지금까지 아직 진범이 밝혀지지 않고 있다. 같은 달 23일 별건으로 체포된 이시카와 가즈오(65) 씨는 1심에서 사형, 2심에서 무기징역형이 선고되어 무려 31년 7개월간 투옥됐다. 나는 그 부당함을 비판하고 무죄를 증명한 졸저 『사야마 사건 이시카와 가즈오 41년만의 진실』(소시샤)을 막 출간한 참이었는데 이치노에 스님은 그 책을 손에 들고 오신 것이다.

이날 집회에는 부락해방동맹, 시민단체, 일본교직원노조, 공무원노조, 불교계 등에서 4천여 명이 모였다. 이튿날 아침 사이타마신문은

2004년 5월 25일 도쿄 히비야 공회당에서 사야마 사건의
재심을 촉구하는 집회가 열리고 있다.

©이다 히로유키(伊田浩之)

1면 중앙에 이시카와 부부의 컬러사진을 싣고 5단기사로 보도했다.

사건 당시 모두 신문들이 피차별 부락 주민인 이시카와 씨를 범인으로 지목하고 극히 차별적으로 보도했지만 지금 이 지역신문이 억울함을 주장하는 운동을 무시하지 않고 공정 보도하는 데 신문의 양식이 느껴졌다. 사야마 사건 진상규명 운동은 지금껏 40여 년간 이어지다가 대법원 재심을 요구하는 운동으로 재차 확대되고 있다. 나는 3일전 후쿠오카시에서 개최된 같은 집회에 참가하기도 했는데 집회와 책에서 계속 강조한 것은 "과연 문맹자가 협박장을 쓰려 했겠느냐"는 점이다.

사야마 사건에서 범인과 연관되는 유일한 증거는 협박장이다. 협박장은 피해자인 당시 고교 1년생 나카다 요시에 양이 학교에서 아직 귀가하지 않은 오후, 사야마시 농촌지역에 있는 나카다 양 집 현관 유리문에 꽂혀 있었다. 노트에 볼펜으로 가로쓰기한 것으로 서체는 치졸하다.

> 이 종이에 싸서 오라
> 아이의 생명이 알고 싶으면 오월 2일 밤 12시에,
> 돈 20만 엔 여자가 갖고 사노야 문 있는데 있어라.
> 친구가 차 가지고 갈 테니 그 사람에게 건네라.
> 시간이 1분이라도 늦으면 아이의 생명은 없다고 생각해라.
> 경찰에 이름 알리면 아이는 죽음.
> 만약 차 가지고 간 친구가 시간대로 무사히 돌아오지 않으면
> 아이는 세이부 못 속에 죽어 있으니 거기 가 봐라.
> 만약 차 가지고 간 친구가 무사히 돌아오면
> 아이는 한 시간 뒤에 차로 무사히 보내준다.

되풀이 한다.

경찰에는 말하지 마라

이웃사람에게도 말하지 마라

아이는 죽여 버린다.

만약 돈 가지러 가서 다른 사람이 있으면

그대로 돌아와서 아이는 죽여준다.

경찰은 이 협박장을 보고 범인이 지능이 낮다고 추정했다. 게다가 몸값 20만 엔이 의외로 적었기 때문에(같은 시기 요시노부 군 유괴사건은 50만 엔) 그 정도를 큰돈으로 생각하는 인간이라는 판단에서 인근 피차별 부락을 수사대상으로 지목했다.

분명 서체는 난폭하지만 잘 보니 운필에는 틀림이 없고 그것도 가볍게 썼다. 교육을 받고 익숙하게 쓴 글이라는 것을 알 수 있다.(사진은 졸저 p7 참조) 글을 쓸 수 있는 사람이 자신의 필적을 숨긴 채 글을 못 쓰는 사람을 가장한 편지라는 것은 아마추어라도 추정할 수 있다. 작위성이 뻔히 보이기 때문이다. 더욱이 편지 모두에 있는 것처럼 '子供(아이)'라고 정확히 쓸 수 있는데도(5회 등장) 같은 발음의 '小供'나 'こども'로 일부러 어휘력을 낮춰 썼다. 게다가 행의 끝에서 문장이 끝나고 행의 끝에 구독점이 와 있어 용의주도하게 쓴 글임을 알 수 있다.

그런데 체포된 이시카와 씨는 소학교(당시 국민학교) 저학년 무렵부터 애보기와 농사 거들기 등 일 때문에 학교를 제대로 다닐 수 없었다. 지금도 어릴 때 학교를 다닐 수 없었던 피차별 부락의 중장년층이 '국어교실'이나 '야간중학교'에서 읽기, 쓰기를 배우는 것은 과거의

가난에 연유하는 것이다. 문맹자는 피차별 부락 사람들뿐만이 아니었
다. 내 기억에도 소·중학교 학급에 한두 명의 장기결석 아동이 있었
다. 집이 가난해 아이돌보기, 머슴살이로 갈 수밖에 없었던 아이들이
었다.

옛날에는 가타가나*부터 가르쳤기 때문에 문맹
이라 해도 가타가나라면 쓸 수 있다. 그래서 히라
가나**까지 쓸 수 있다거나 한자 몇 자를 쓸 수 있
는 등 사람에 따라 그 정도가 다르다. 보통으로 학교에 다닌 사람은 학
교에서 반복훈련을 하기 때문에 그다지 고생을 느끼지 않고 읽고 쓰게
된다. 때문에 문맹자가 있다는 것을 상상할 수 없었다.

* 가나(仮名)는 한자의 일부를 빌
려 만든 일본 표음 문자. 가타가나
는 외래어 표기에 사용한다.
** 가나의 한 종류로 일상 표기에
사용한다.

사야마 사건에서 검찰이나 경찰관, 재판관이 함정에 빠진 이유는
문맹자에 대한 지식이 전혀 없었기 때문이다. '문자해독률 100%'를
자랑하는 나라에서 학교에서 소외된 사람들에 대한 이해는 부족했던
것이다. 이사카와 씨는 하루도 학교에 가지 않았고, 읽고 쓸 수도 없었
지만 중학교는 졸업한 것으로 되어 있다.

부상하는 재판관의 차별의식

형님 것과 바꿔 주세요
어머니 건강합니다
이시카와 가즈오

체포되었을 때 이시카와 씨가 유치장에서 집으로 쓴 편지는 단 세

줄이었다. 목적격 조사 '을'가 협박장에 쓰인 글자와는 전혀 달리 길게 늘어져 판독이 불가능했다. 글의 뜻은 '체포되었을 때 큰형 바지를 입고 와버렸기 때문에 그것을 제 것과 바꿔주세요. 어머니 (저는) 건강합니다' 라는 것으로 한자 없이 전문을 히라가나로 썼다. 이시카와 씨가 주어와 술어를 전혀 사용할 수 없었던 것이 협박장과 결정적으로 다른 점이었다. 자신의 이름인 '一雄(가즈오)' 조차 같은 발음이 나는 '一夫' 로 간단하게 고쳐 썼다. '雄' 이 쓰기 어려워서다. 그 뒤 그가 그린 지도(라고 해도 선밖에 없긴 했지만)의 설명에는 '〈' 의 탁음기호를 바깥쪽에 잘못 쓰기도 했다.

이것이 이시카와 씨를 체포할 당시의 문자능력이었다. 범인 체포에 급급했던 경찰은 용의자의 문자능력엔 관심이 없었다. 엘리트 검사와 판사도 글을 읽고 쓰지 못하는 사람이 있다는 사실을 고려하지도 않았다.

이시카와 씨는 체포 당시 완강하게 혐의사실을 부인했다.

"나카다 씨 댁에 편지를 써 가지고 간 사람은 내가 아닙니다. 나는 글을 못 쓰고 읽을 수도 없어 그런 짓(협박장을 쓰는 것)은 할 수가 없습니다."

체포된 다음날의 진술조서다.

'글을 쓸 수 없는 사람은 협박장을 쓸 수 없다.'

이 이상의 진실은 없다. 그런데 그 뒤 이사카와 씨는 형사들에게 추궁을 당해 공범자가 가르쳐줘 협박장을 썼다고 진술을 바꾼다. 흔히 있는 취조관의 유도다. 공범자라는 것은 복수범행으로 생각하고 있던 경찰의 날조였다. 그러나 식자층이 생각하는 것처럼 문맹자들은 한자만 모르는 것이 아니다. 문장 자체를 쓸 수 없는 존재인 것이다.

앞에 인용한 '협박장'과 같이 만약 어떻게 되면 등의 조건법이나 가정법, 명령형 등은 문법적으로는 의외로 어렵다. 더욱이 경찰을 같은 발음의 '刑札'로 쓰거나 한자 '命', 그리고 '江' 등의 변체 가나를 구사해 문장을 작성하는 것은 스스로 알고 있는 한자가 일정 정도 이상이 되지 않으면 불가능하다.

나는 졸저에서 이렇게 분석했다.

"만약 이시카와 가즈오의 단독 범행이라면 태어나 문장 같은 것을 써본 적이 없는 이가 혼자 협박장을 작성한 것이 되고, 피고인은 자기 능력으로는 도저히 실행할 수 없는 범죄를 저지른 것이 된다."

또 글자를 읽고 쓸 수 없는 이가 과연 문장으로 상대를 협박하려 할 것인지에 대해 강하게 문제를 제기했다. 문맹퇴치 운동에 조금이라도 관심 있는 이라면 글을 쓸 수 없는 사람이 관청이나 우체국에서 서류를 작성해야 할 때 오른손에 붕대를 감고 가는 굴욕감을 이해할 것이다. 글쓰기 대행을 부탁할 방편인 것이다.

글을 쓸 수 없는 개인사에 대해 전혀 이해하지 않고 '이 정도는 쓸 수 있겠지'라고 자꾸만 말하는 것은 차별의식 탓이다. 이시카와 씨는 "글자로부터 도망쳐왔다"고 내게 털어놓았다. 글을 무서워하는 사람이 글을 무기로 사람을 협박했다고 생각하는 것은 문자를 가진 자의 특권의식과 차별의식에 사로잡힌 무지에서 비롯된 것이다.

2005년 3월 대법원은 이시카와 씨의 특별항고를 기각했다. 변호인단은 제3차 재심청구를 도쿄 고법에 제출할 준비를 진행하고 있다. 재심을 요구하는 시민운동은 각지에서 집회를 열고 여론 확대에 노력하고 있다.

경찰 범죄를 없애면 억울한 죄도 없어진다

에히메현 경찰본부 지역과에 재직하는 센바 도시로(仙波敏郎, 57) 순사부장. 그가 2006년 3월 현 경찰이 한통속으로 영수증을 위조하고 비자금을 조성한 것을 내부고발한 지 1년 2개월이 지났다. 에히메현 경찰당국은 전국에서 유일한 현직 경관의 고발에 몹시 당황해 센바 씨를 한직으로 쫓아내는 인사보복을 가했다. 참으로 노골적이고 속 좁은 짓이다. 악취가 나는 곳에 뚜껑을 덮어두는 식의 졸속과 경찰의 비민주성이 유감없이 발휘됐다고나 할까.

한편 에히메 현경은 3회에 걸쳐 내부조사를 실시한 '조사결과보고서' 를 발표하고 "위조영수증 작성 의뢰와 '허위출장' 등이 행해지는 사실을 확인할 수 없었다"고 센바 부장의 고발을 정면 부정하고 나섰다.

그런데 그 후 에히메 현경 수사1과 간부의 개인컴퓨터가 바이러스에 감염되어 '수사보고서' 가 파일 교환 소프트웨어 '위니' 를 거쳐 인터넷에 누출되는 사건이 발생했다. 이 보고서 기록 중 정보를 제공해 '수사보상비' 를 받았다는 주민은 사례를 받기는커녕 조사조차 받지 않은 사실이 드러났다.(아사히신문 2006년 4월 4일자) 영수증뿐 아니라 수사보고서조차 위조였던 것이다.

비자금 조성을 위해 '영수증' 을 위조하는 것도 모자라 전화번호부에서 추출한 '수령인' 이 수사에 협력한 것처럼 조작하기 위해 이번엔

'수사보고서'까지 위조했던 것이다. 꼬리에 꼬리를 무는 거짓말이라고나 할까. 그런데 이 거짓말은 실제 발생한 사건에 덧칠이 되었다. 예컨대 용의자가 "내가 했다"고 말한 걸 들었다던가, "아무리 생각해도 (그가) 범인이다"라는 등의 증언이 있는 가공된 '보고서'였던 게 들통나버린 것이다.

조직에 속해 있으면서, 그것도 경찰이라는 거대 정의를 표방하는 조직의 내부 부정을 폭로하는 현직 경관의 고발은 보통 정신력으로 행할 수 있는 것이 아니다. 실제 내가 센바 부장에 대해 갖는 관심 어딘가에 할리우드 영화 람보의 이미지가 있을 만큼 그의 출현은 정말로 드문 일이었다.

보상비 99%가 비자금으로 빼돌려진다

마쓰야마성 옆의 에히메현 경찰청사의 11층 건물 정문 현관에서 근무(라고 해도 책상만 주어져 있는 보복이지만)를 마치고 나온 센바 부장은 50대 후반으로 보이지 않을 만큼 늠름하게 단련된 모습이었다.

그는 단도직입적으로 말했다.

"수사보상비의 반 정도는 수사에 쓰이고 있다고 생각하시겠지만 99%가 비자금이 됩니다. 이것은 극히 일부입니다. 여비는 자릿수가 틀립니다."

여비와 보상비는 비자금 조성의 2대 재원이다. 허위출장을 빈번히 행해서 소모하는 여비 집행액은 연간 3억 엔. 99% 지급되지 않는 보상비는 2003년까지 연간 거의 1억 엔이었다.

센바 부장은 철도경찰대에 소속돼 있었지만 예산으로 편성되어 있었던 '경찰승무수당'은 지급되지 않았다. 이 때문에 연간 수억 엔의 돈이 경찰 고위간부 품으로 들어가거나, 그 일부가 경찰서 직원의 회식비로 쓰인다고 추측된다.

사문서 위조는 징역 3개월 이상, 5년 이하에 해당되는 범죄다. 영수증은 사문서일지 모르지만 수사보고서 위조는 공문서 위조여서 1년 이상, 10년 이하의 징역형이 된다.

경찰 예산은 정부와 현이 부담하기 때문에 '세금도둑'으로 불리는 행위다. 문제는 이런 착복이 현 경찰이 한통속이 되어 저지른 데 그치지 않았다. 범죄행위인 비자금 만들기가 에히메 경찰에만 한정된 것은 아니었다. 지금까지 전직 경찰 등의 잇따른 고발로 경시청을 비롯해 나가사키, 아이치, 구마모토, 미야기, 가가와, 고치, 시즈오카, 후쿠오카, 교토, 홋카이도 등의 경찰당국에서도 비자금 문제가 불거지고 있다.

비자금 조성에 대한 노하우는 전근하면서 이동하는 경험자들이 전파하기 때문에 전국적인 오염이라고 할 수 있다. 서장 등의 간부가 전근할 때마다 거액의 전별금이 오간 것도 지금까지 공공연한 비밀이었다. 센바 씨가 마쓰야마 지법에 제소한 국가배상청구와 인사위원회 불복 신청 등의 변호인단장을 맡고 있는 고모다 노부오 변호사는 이렇게 말한다.

"비자금 문제는 경찰청을 중심으로 한 구조적인 문제입니다. 경찰을 감독해야 하는 공안위원회는 기능하지 않고 검찰청은 엉거주춤합니다. 검찰관 조사활동비의 불분명한 문제도 불기소되어 있을 정도니까요. 북유럽과 같은 공익 옴부즈맨 제도가 확립되지 않는 한 근본적인 해결은 어렵습니다."

물들지 않아 고발할 수 있었다

위조지폐를 만드는 식의 비자금 조성에 대해 최근 각 지방지는 경찰과의 관계 악화를 무릅쓰고 집요하게 기획보도를 하고 있다.

"신문이 권력을 감시한다면서도 정보원인 경찰은 감시하지 않았다."

에히메신문 사회부 차장인 다니가와 데쓰오 기자는 반성과 함께 결의를 다지기도 했다.

1980년대 말에 출판사 '제3서관'이 경찰시리즈의 하나로 전국의 전직 경찰들을 취재해 『엉터리 경찰 끝이 없다』(1989년)를 출간한 적이 있었다. 이 책에는 홋카이도와 후쿠시마 경찰의 영수증 위조와 수사비 부정유용에 대한 글이 있었다. 하지만 이의제기는 없었다. 경찰은 이 책에 대해 소란을 피우지 않고 '침묵은 금'을 실천하며 지금까지 그 짓을 계속해 온 것이다.

센바 부장이 처음 영수증 위조를 명령받은 것은 1973년 8월, 24살의 젊은 나이로 순사부장 시험에 합격해 취임지에 의기양양 부임했을 때다. 회계과장이 금액이 기입된 영수증에 메모에 적힌 주소와 이름을 써넣으라고 강요했다. 센바 부장이 거부하자 서장이 불러 '조직의 적'이라고 압박하고 "쓰지 않으면 승진시키지 않겠다"고까지 협박했다.

조직의 통과의례였다. 신규 채용된 이에게 시키지 않는 것은 아직 조직의 일원으로 인정받지 않아서라고 센바 부장은 설명한다. 그는 현내 7곳의 경찰서를 돌았지만 모두 거부당한 뒤 철도경찰대에 배속됐다. 함께 순사부장이 된 동기생 중 경시정이 된 이도 있지만 센바 부장은 33년 전과 마찬가지로 여전히 순사부장이다.

"이번 고발로 제가 33년간 (위조영수증을) 한 장도 쓰지 않은 것을 평가받았으면 좋겠습니다."

그는 밝은 표정으로 말했다.

"너는 실수했어. 쓰지 않는 것은 실수한 거야!"라는 말을 늘 들었다고 한다. 범죄행위를 저지른 사람은 출세하고 이를 거부한 사람은 일평생 제자리라고 센바 부장은 쓴웃음을 지었다. 이 전도된 가치관은 경찰조직의 폐쇄성을 드러낸다. 혼자 저항해왔지만 고발할 생각은 없었다. 자신은 범죄에 물들고 싶지 않다는 일념뿐이었다.

2005년 1월 20일 현직 경관이 조직을 고발하는 기자회견을 연다는 전대미문의 사태로 발전하게 된 계기는 평소 안면이 있던 고모다 노부오 변호사와 우연히 만나 옴부즈맨 회의에 출석을 요청받은 데서 비롯됐다.

그 한 해 전인 2004년 5월 오즈 경찰서 전 회계과장이 전국적인 비자금 보도에 떠밀리듯 수사비 출납부와 음식점 고무인, 백지 영수증 등의 증거를 갖춰 증언한 적이 있었다. 고모다 변호사 등은 현직 경관을 그 고발의 증인으로 세우고 싶었던 것.

기자회견에 나와 달라는 요청을 받은 센바 부장은 즉석에서 승낙했다. "터졌다"고 생각했지만 33년간의 신념 때문인지 단숨에 고발을 결심할 수 있었던 것이다.

회견을 '실력저지' 하려는 생각도

언론 측에서 "내일 누군가 기자회견을 한다"는 정보를 경찰 공보관에게 귀띔해주었다. 어디나 권력에 아부하는 아첨꾼은 있는 법.

"센바, 너냐?"

과장의 질문에 "아직 결심하지 못했다"고 대답했다. 본부장이 부른다고 몇 번이나 휴대전화로 연락이 왔다. 밤 9시께 본부에 출두하자 과장이 설득했다.

"기자회견을 그만두라. 대신 경부보 승진을 생각하고 있다. 남은 4년간 편안한 부서에서 일하면 어떤가?"

"지금 전국적으로 경찰 비자금 문제가 밝혀지고 있습니다. 이 시기에 고름을 짜내지 않으면 현장에서 고생하는 경찰관은 보답을 받을 수 없습니다. 과거에 부정을 저지른 모든 간부는 책임을 져야 합니다."

센바 부장은 반론을 폈다. 현 경찰이 어떻게든 기자회견을 저지할 거라는 직감에 그날은 호텔에서 잤다. 그래도 미행이 따라붙어 경계를 풀 수 없었다. 이튿날 예상대로 아침 일찍부터 형사 몇 명이 자택 앞에 대기하고 있었다. 이전에도 '공무집행방해' 등의 명목으로 체포된 고발 경찰이 드물지 않았다. 센바 씨의 회견을 '실력 저지하자'는 의견이 있었다는 증인도 나타났다.

변호사 회관에서 기자회견을 하고 현 경찰 본부로 돌아온 날 센바 부장은 권총을 압수당했다. 그래서 그는 전에 사뒀던 가죽케이스를 허리에 감고 장난감 권총을 사 넣었다. 그 이야기를 듣고 권총이 경찰의 정체성이라는 것을 처음 알게 됐다.

센바 부장은 경찰이라는 직업을 대단히 좋아한다고 한다. 좋아하기 때문에 정의감에 불타서 경찰에 들어온 젊은 사람들에게 환멸을 주고 싶지 않은 것이다. '경찰관의 사회정의', 센바 씨의 이야기를 듣고 나는 그것을 믿게 됐다.

누구에게도 구애받지 않고, 누구도 두려워하지 않으며, 누구도 미워하지 않고, 양심만을 따르고, 불편부당하고 공평중정으로 경찰직무 수행에 임한다.

이 경찰관 선서가 온전히 기능하지 않으면 경찰관의 사회활동은 성립하지 않는다.

고발 기자회견 4일 뒤 센바 부장은 통신지령실에 강제 배전됐다. 일은 주어지지 않았다. 재빠른 보복인사는 제2의 내부고발자가 나오는 것을 막기 위해 미리 손을 써두는 것이었다.

낮에 지하식당에 내려가면 웃음소리로 시끌벅적했다가 싸늘하게 얼어붙어버린다. 자리를 찾아 앉으면 앞뒤 사람들은 식판을 갖고 자리를 떠버린다. 내부고발자는 배신자인 것이다. 때문에 고교 동기생으로서 그를 도와주고 있는 히가시 레이지 씨와 만나 밖에서 함께 점심을 먹고 있다.

현 경찰당국은 센바 부장의 행동이 원한에 의한 것이라고 발표했다. 1995년 11월 소방서 근무 2년째인 22세의 소방사가 서장 등에게 괴롭힘을 당해 협박으로 '서장이 가지고 온 부엌칼'(쟁점이 되어 있다)로 서장을 죽이는 사건이 발생했다. 그 젊은 소방관은 센바 부장의 장남이다. 장남은 징역 12년을 받았는데, 취조관이 괴롭힘의 사실관계를 제대로 파악하지 않았다고 센바 부장은 비판한다. 그러나 그것과 이번 고발과는 관계가 없다. 마음고생을 하던 아내는 그 후 급성암으로 세상을 떠났다. 아들 2명은 분가해 에히메현 밖에서 살고 있다. 권솔의 부담으로부터 자유로운 개인으로 행동한 것이었지 원한에 의한 복수극은 아니다.

비극적인 가정사를 털어놓으면서도 센바 부장의 표정은 밝았다. 고뇌 속에서 얻은 흔들리지 않는 결의처럼 느껴졌다.

"복도 등에서 만나는 젊은 경관이 살짝 말을 걸어옵니다. '아무도 영수증을 쓰고 싶지 않아요' 라고." 젊은 경관에 기대하고 있는 듯했다. 그것이 그의 밝음을 지탱하고 있는 것 같았다.

이번 취재에서 깨달은 점이 있다. 억울한 죄를 취재하며 위조진술서와 위조수기, 위조수사보고서, 위조증거를 흔히 접했지만 그것은 일상 속에 깊이 잠식된 경찰 관행이었던 것이다. 경찰의 범죄를 없애면 억울한 죄는 틀림없이 줄어들게 된다.

센바 부장은 2007년 8월 현을 상대로 위자료 100만 엔의 지급을 요구한 국가배상청구소송에서 승소해 복직했다. 경찰관으로서는 첫 승소다.

막가파식
원전 건설

고베항을 출항해 서쪽 세토나이해로 향한
배는 구루시마해협에 걸려 있는 '시마나
미해도'의 밑을 빠져나와 일본열도 혼슈를 향해 툭 튀어나온 시코쿠
의 '오스미노하나(大角ノ鼻)'를 빙 돌아 들어갔다. 복잡하게 뒤엉킨
작은 섬들을 뒤로한 채 간몬해협으로 곧장 나아가면 우현에 돌연 나타
나는 것이 깊은 숲으로 덮인 야마구치현 나가시마(長島)다. 나가시마
는 본토 측 세토나이해에서 깊이 들어간 무로쓰 반도에서 축 늘어진
한 방울의 물방울처럼 보였다. 무로쓰(室津)와 가미노세키(上関)는 아
치형 '가미노세키대교'로 연결되어 있다.

이 섬 서쪽 끝 인적이 드문 해안이 '가미노세키 원자력발전소' 예
정지가 된 것은 1978년께였다. 그때까지 주고쿠(中國)전력은 야마구
치현 서쪽 끝 히비키나다와 접한 호후쿠초(현 시모노세키시)에 건설
을 추진했다가 어민들의 격렬한 저항을 받아 물러났다. 그 직후 당치
않게도 세토나이해에, 그것도 항로 코앞에 위험한 원전을 지으려다 퇴
짜를 맞아 당황했을 상황은 쉽게 추측할 수 있다.

가미노세키초에서 가장 먼저 시작한 일은 유치의 '정석'이라고도
할 수 있는 부어라, 마셔라 식 '원전시찰 여행'이었다. 지역민에게 돈
을 우려내는 습성을 배양하는 길들이기 의식과 같은 것이었다. 원자력
발전이 모습을 드러내기 훨씬 이전에 시작되는, 이 지역 인심을 통째
로 매수하는 행위는 일본 원전지역의 토양을 깊이 침식하고 있는 부패

의 근원이다.

'가미노세키 발전소' 건설예정지에는 향토 수호신을 모시는 우부 스나(産土)신사인 하치만구(八幡宮) 소유의 산림과 들판 10ha가 속해 있다. 당초 계획의 20%를 점하는 면적으로 제1호 노심과 발전 터빈 건설 지점이다.

신을 두려워하지 않으면 벌을 받는다고 한다. 하야시 하루히코(68) 궁사는 주코구전력의 매도 요청을 거부했다. 그는 "신직으로서 당연한 일을 한 것뿐입니다"라고 말한다. 하지만 신사 본청은 하야시 궁사를 해직했다. 이 또한 신을 두려워하지 않는 행위라고 말할 수밖에 없다. 신사 본청은 일찍이 다음과 같은 통지를 냈기 때문이다.

> 인간사회 발달의 결과로 자연환경이 악화되는 것은 용인할 수 없는 일이며 …… 신사계에 있는 우리들은 무엇보다 신사의 존엄 풍치를 지키는 것이, 나아가 공해로부터 신사와 우지코(氏子)*를 지키는 것이 지역사회에 정신적으로 또 일상생활 면에 공헌해가는 길이라는 점을 재확인하고, 우 지코 신도에 대해서도 되풀이해서 계몽하는 일이 대단히 중요합니다.('신역의 초록을 지키는 모임' 결성촉진에 대해. 1971년 1월 7일)

* 같은 씨족신을 받드는 이들.

정례평의원회에서 "초록을 지키자"고 의결하고 이에 바탕을 둔 신탁 성격의 통지를 냈던 것이다. 각지에 있는 신사의 숲은 '신사의 존엄 풍치'를 만들어내고 있을 뿐만이 아니다. 인간의 욕심에 의한 어리석은 환경파괴를 신의 영역으로서 지켜온 '최후의 보루'이기도 했다. 그런데 신사 본청은 환경을 지키려고 지역에서 솔선하여 저항하고 있는 궁사를 칭찬해줘도 모자랄 판에 속세의 권력인 전력회사의 압력에 굴복해 해직시켜버렸다. 도대체 무슨 말을 할 것인가!

실은 나는 신사 본청에 주고쿠전력의 가혹한 처사를 호소하고 처분을 하지 말 것을 요청하기 위해 도쿄로 나가 있던 하야시 궁사와 그 동생 마키오 씨한테서 연락을 받고 그들을 몇 차례 만난 적이 있다. 그런데 아무런 도움도 되지 못한 채 궁사가 해직되어버려 책임을 느끼고 있던 차였다. 하야시 궁사는 자신도 전혀 모르는 곳에서 야마구치현 신사청에 '퇴직원'을 제출했다고 분통을 터뜨렸다. 서류 위조였다. 하야시 궁사가 따지고 들자 결국 '퇴직원'은 철회됐지만 그 뒤에 나온 것이 '해임 명령'이었다.

앞선 1994년 주고쿠전력은 '입지환경조사'를 실시하기 위해 하야시 궁사에게 토지 임차를 제의했다.

"발전소 건설에는 협력할 수 없습니다."

제의를 거절당하자 주고쿠전력은 하치만구 대표자의 서명과 날인도 없는 '임차계약서'를 작성해 신사 토지에 들어가 조사를 강행했다. 나는 이처럼 원전 측이 도리도, 도의도 무시한 채 권력과 돈, 책모와 위계, 부정으로 건설을 강행해온 사실을 졸저 『원자력발전 열도를 가다』(슈에이샤신서)에서 여러 차례 고발한 바 있다.

왜 이러한 부정이 허용되었을까. 원전 추진은 '국책'이며 거대한 이권이 거기에 모여 있었기 때문이다. 속된 말로 표현하면 '나라가 두목'이기 때문에 어지간한 일은 다 허용된다는 식의 부조리를 만들어왔던 것이다. 마치 전쟁 중에는 온갖 무도한 일들이 다 허용되는 것처럼 말이다.

5m마다 '소유지' 표식

가미노세키대교를 지나 발전소 예정지를 향하는 길은 농업용 경트럭이 겨우 빠져나오는 좁은 길이었다. 하야시 궁사 형제, 고나카 스스무(57, 초록그룹) 현 의원과 함께 섬의 고지대를 따라가다 반대파가 만든 '단결 오두막' 주변에서 먼저 예정지를 내려다보았다. 매수가 끝난 토지는 황색과 검은색 얼룩 가로무늬 로프로 구획을 지어놓았고, 통로 양측에는 보란 듯이 거의 5m마다 '주고쿠전력㈜ 소유지' 라고 인쇄된 플라스틱 표식을 묶어놓았다. 지금까지 본 발전소 매수지 가운데서 가장 노골적인 방법을 쓰고 있었다.

눈 아래 '다노우라' 라는 하구가 보였다. 건설 예정지다. 바로 마주 보는 쪽에 산마루가 구름으로 덮여 있는 이와이시마(祝島)가 보였다. 거리는 3.5km. 육안으로도 선명하게 보이는 그 어촌에서 6년 전 배를 타고 이 바로 밑까지 와본 적이 있었다. 인적이 없고 쥐죽은 듯 조용한 해안에 다가가자 이상한 오두막이 서 있고 '삐- 삐-' 단속적으로 울리는 전자음이 들려왔다. 배를 조종하던 이와이시마 어민은 불쾌해했다.

그때 일을 떠올리면서 나는 단결 오두막에서 상당히 가파른 산길을 내려와 해안에 도달했다. 오두막은 기상관측용이고 그 곁에 큰 나팔 모양의 금속관 3개가 서 있다. 소리는 거기서 나오고 있었던 것이다.

"이 주변은 어업의 보고이며 풍후수도(豊後水道)*의 해류도 들어오고 있어요."

* 규슈 오히타현과 시코쿠 에히메현 사이 물길.

무로쓰초 가모(賀茂)신사의 궁사이기도 한 하야시 궁사가 설명했다. 대대로 신직을 이어온 그는 발전소 예정지인 '시다이(四代)지구' 하치만구 궁사를 겸하고 있어서 이쪽에서 해고된 것이다. 튀지 않는 한결 같은 성품이어서 좀체 흥분하는 일이 없고 독실함이 몸에 배인 사람이라 발전소 소동 같은 게 없었더라면 다툼에 휘말릴 일도 없이 우지코들의 신뢰를 받으며 조용한 노후를 보낼 수 있었을 것이었다.

휘파람새가 지저귀는 해안에서 무엇인가 발굴한 흔적이 띄엄띄엄 보였다. 조몽(繩文)시대 유적지다. 그 무렵부터 이미 이 조용한 하구는 어업기지로 번성해온 것 같다. 지금도 숲이 깊은 신사의 산은 '어류를 모으는 숲(魚付林)'으로서 풍요로운 어장을 유지하고 있다.

"스나메리(돌고래의 일종)도 있어요."

고나카 현 의원의 설명으로 한동안 어장을 화제로 이야기꽃을 피웠다. 도미 낚시 어장이기도 하고 세계적으로 귀중한 패류도 발견되고 있다고 한다. 고나카 의원은 발전소 이야기가 나올 무렵부터 반대했고 지금은 하야시 궁사의 '부당해직' 소송을 돕고 있다.

전력회사의 졸속적인 처사

어촌 특유의 밀집 가옥이 해안에서 급경사로 올라간다. 집과 집 사이 판자벽에 끼일 듯 좁은 골목을 빠져나가니 언덕 중턱에 있는 시다이 하치만구 경내가 나타났다.

이 신사 건물을 해직된 궁사와 보러가는 게 조금 잔인하지 않나 하는 생각이 들었지만 하야시 궁사는 담담한 표정으로 일관했다. 고색창연한 본전 앞으로 성큼 나아가 깊숙이 고개를 숙여 삼배를 하고 주변 신에게도 합장을 했다. 그 뒤 본전 문 앞에 드리워져 있는 금줄을 당겨 올리려 혼자 애를 썼다.

이 지역에서 산 하나를 넘어 하구 곁에 있는 신사 소유 부지는 누구나 자유로이 산채와 장작, 마소의 사료를 얻을 수 있는 '입회지(入會地, 공동관리부지)' 였다. 특히 정어리를 솥에 삶아 '이리코'를 만들려면 대량의 장작이 필요했는데 여기에 안성맞춤이었다. 토지 명의가 신사인 것은 신사는 토지를 팔아치우는 일은 없다는 주민의 신뢰감 때문이다. 이 토지는 원래부터 어느 주민의 것이고 신사 소유가 아니었다. 신사 명의로 맡고 있을 뿐이다.

그런데 2003년 3월 야마구치현 신사청의 뜻을 알게 된 신사 본청이 하야시 궁사를 해직하자 같은 날 다른 신사의 궁사였던 사람을 대신 임명하고 이튿날 대표임원 변경을 등기했다.

"사직원을 위조하거나 토지를 팔지 않는다고 해서 궁사를 처분하는 행태는 정상이 아닙니다. 신사의 토지를 파는 것 자체가 위법이기 때문에……."

하야시 궁사는 어찌할 바를 모르겠다고 한다. 전국 신사의 본전조차 돈에 진다면 무엇을 믿어야 좋을지 모르겠다는 것이다. 빗대어 말하자면 목숨을 바쳐 자연을 지킨 신부를 로마 교황이 해고시키는 것과 같은 꼴이다. 이는 일본의 '교황청' 이 얼마나 철학과 절개, 지조가 없으며 대기업에 약해 빠졌는지를 여실히 증명하는 사건이다.

또 신사 땅을 태연히 밟고 들어가는 전력회사가 벌을 받지 않는다면 이건 너무나도 불공평한 일이다. 종교법인법 18조 5항은 '그 보호, 관리하는 재산에 대해 감히 다른 목적으로 사용하거나 남용하지 않도록 해야 한다' 고 규정하고 있다. 신사 본청 헌장 10조에도 '경내부지, 신사소유지, 시설, 보물, 유서에 관련된 사물 등은 확실히 관리하고 함부로 처분하지 않을 것' 이라고 규정되어 있다.

하야시 궁사는 지위복권 소송 중이다. 해임 소식이 전해지자 현에서 반대 서명이 벌어져 8만 5천 명이나 참여했다. 궁사해직 반대 서명 같은 일은 신사 본청이 문을 연 이래 처음 있는 일로 간부 책임 문제로 파급될 것 같다.

그런데 우지코들 사이에 매각 찬성 여론이 높아진 것은 어업권 포기를 찬성한 어민에게 보상금을 반만 지불하고 나머지는 공사를 착공한 후에 지불한다는 전력회사의 야비한 수법 탓이다. 이 당근과 채찍 수법은 효과를 발휘했다. 이것은 너무나도 노골적인 회유책으로 공서양속(公序良俗)에 반하는 처사라고밖에 할 수 없다.

주고쿠전력은 이와이시마 어협의 어업보상무효확인소송 외에 시다이지구 주민들로부터 '공유지입회권소송', '신사부지입회권소송' 등으로 고소를 당했다. 이들 재판의 원고인 다케히로 세이조(78) 씨의 집에서 역시 원고인 오하시 시즈코(88) 씨, 이마다 다케(91) 씨를 만나 설명을 들었다.

"옛날에는 모두 사이가 좋았는데⋯⋯."

그들은 지역의 분열을 안타까워했다.

"주고쿠전력에는 절대 땅을 팔지 않을 겁니다."

그것이 원고인 세 사람의 공통된 생각이다. 비장감은 없다. 꼭 이긴다고 믿고 있기 때문이다.